MAAKBAAR

CAROLINE VERBRUGGHE EN VRIENDEN VERKLAPPEN HUN MAAKBAARSTE IDEEËN
STAP VOOR STAP MOOI SNEL MAKKELIJK EN ZONDER BOOR- OF NAAIMACHINES

LANNOO

VOORWOORD

Als je dit boek in handen hebt, ben je waarschijnlijk zélf creatief of op zoek naar een geschenk voor iemand die jij creatief vindt. Denk je dat geen van beide waar is? Dan vergis je je, want niet 'handigheid' maar wel 'nieuwsgierigheid' is de basis van creativiteit!

Je kunt maken voor jezelf, om weg te schenken of om te verkopen. De voordelen van ontwerpen en maken gaan echter niet enkel over 'spullen hebben': craften kan iedereen helpen om even alle aandacht op één ding te focussen. Als bij mindfullness, yoga of sporten geniet ik van de 'maakflow': spannend en ontspannend tegelijk. En, toegegeven, achteraf is het 'hebben' van de handgemaakte spullen mooi meegenomen.

Dit boek werd gemaakt door een hele bende enthousiastelingen. Zijn we ontwerpers? Crafters? Creadivas? Hoe zou je ons noemen? We zijn gewoon allemaal ondernemend, drukbezet, en hebben uiteenlopende beroepen, al dan niet in de creatieve sector. Mijn vader zou zeggen dat we 'plantrekkers' zijn, omdat we ons eigen ding durven doen en enthousiast worden van een uitdaging! Daar kan ik me wel in vinden.

Tenslotte, laat niemand jou vertellen wat cool is of niet cool, wat in is of out! Doe gewoon waar je zin in hebt en ga voor jouw eigenzinnige versie van de ideeën uit dit boek. Iedereén doet wel eens een ander klakkeloos na -zelfs professionele ontwerpers doen dat vaker dan ze toegeven- maar ga de uitdaging aan om een idee te laten evolueren. Interessant is niet zo zeer de gelijkenis tussen twee uitvoeringen maar wel het verschil, hoe miniem dat ook is.

Om aan te tonen dat er voor iederéén wat wils is heb ik de ideeën aan de hand van tien verschillende 'moodboards' samengesteld. Dat zijn tien uiteenlopende stijlen, die ik persoonlijk op dit moment interessant vind. Maar geef gerust overal jouw aparte twist aan.

HET ÉNIGE WAT JE MOET ONTHOUDEN IS DIT:

1. **BEN JE EEN BEGINNER?** Begin met maakbare, kleine projecten, waar je trots op kunt zijn, en verbaas anderen en jezelf! Spiegel jezelf niet aan experten maar focus op wat je al wél kunt.

2. **LEER BIJ** en geef wat je geleerd hebt door aan anderen! MAAK jezelf en anderen gelukkig. Het ligt meer in jouw handen dan je denkt.

3. **STEL JEZELF NIET IN VRAAG** terwijl je iets maakt, maar kijk er pas kritisch naar, wanneer het af is, en denk daaraan wanneer je het volgende maakt. Nooit bang zijn om opnieuw te beginnen: het is eigen aan winnaars.

4. **MAAK SAMEN.** Deel tijd en ideeën. Dat is het kostbare fundament voor de mooiste vriendschappen. Samen met een groep fantastische mensen, die ik vandaag mijn vrienden mag noemen, mocht ik het boek maken dat je nu in handen hebt. We delen onze crafthonger met elkaar en met jou en het zou ge-wél-dig zijn als iedereén meedeed. Daarom bestaat er nu ook maakblog.be! Kom kijken of deelnemen en bovenal: delen!

Caroline Verbrugghe

INDEX

02_ Voorwoord
06_ Materialen

MOOD 1: 'HAPPY'
11_ Slingerpraat
12_ Ballon met een boodschap
15_ Feestbekers met dip-effect
16_ Cavananas
19_ Homemade uitsteekvormpjes
22_ Verjaardagskalender
25_ Onzichtbare lamp
27_ Gepersonaliseerd kopje
28_ Joy Anna's unieke tote bag
31_ Zelf stempels maken

MOOD 2: 'GEEL'
35_ Kleurvazen
37_ Betonkrukje
39_ Beengoed
40_ Panty's met een prettig printje
41_ Panty's ombre-effect
43_ Crea-cadeau-box
44_ Benoitte's Afrikaanse oorbellen
46_ De creadiva's schoenen

MOOD 3: 'GEOMETRIE'
50_ Muur organizer
54_ Designertapijt
57_ Origami lamp
58_ Geometrische kaarsen
61_ DVD-juweel
63_ Chunky heels
64_ Katriens col Claudine
67_ Planten in brik

MOOD 4: 'TRANSPARANT'
72_ Transparante ringmaptas
74_ Tasje en riem van PVC
77_ Zonnig regenjasje
81_ Nachtlampje
82_ Neck candy
85_ Pieters raamvaasje

MOOD 5: 'GALACTIC ANARCHIC'
89_ Melkweg panty's en space T-shirt
91_ Gepersonaliseerde tablethoes
92_ Psychedelische sjaal
94_ Elfi's galaxy nails
96_ Internagellactische make-over

MOOD 6: 'GLITTER'
101_ Diamonds in the sky
102_ Glitter make-over
105_ Make-up houder
106_ Geschenkdoosjes à la minute

MOOD 7: 'FLEURS DE RUSSIE'
111_ Vlinderwand
112_ Kanten mand
114_ Themaslinger
117_ Zeefdrukken aan de keukentafel
120_ Slaapmasker
123_ Juwelen op maat
124_ Shoe nice: opbergsystemen
126_ Linda's bloemendiadeem
129_ Make-up à gogo
130_ Oogschaduwhouder
131_ Lipstickpalet

132_ **MOOD 8: 'DRAAD'**
134_ Reuzegrote breimachine
136_ Breien met de reuzenbreiplank
138_ Oude T-shirt wordt superdikke draad
141_ XL breiwerk
142_ Juwelen uit de prullenmand
144_ Trui wordt muts & wanten
146_ Borduren XL
148_ Delfiens zeemansknoopketting

150_ **MOOD 9: 'WELLNESS'**
152_ Juwelenhouder
155_ Foto's op hout drukken
156_ Homemade badbruisballen
158_ Recepten voor homemade wellness
160_ Sprookjesachtige planten
162_ Thalisa's nepbonten haarbandje

164_ **MOOD 10: 'LEDERLIEFDE'**
166_ Touchscreen-handschoenen
169_ Fortune cookie portemonneetje
170_ Gevleugelde accessoires
172_ Adventskalender
174_ Yannicks brillenhoesje

176_ Colofon

MATERIALEN
WAT HEB JE ÉCHT NODIG OM HET TE MAKEN?

Onderschat nooit hoe veel je wél kunt doen zonder boor- of naaimachine! Toegegeven, zelf grijp ik al naar een vijsmachine voor één klein schroefje en naai ik zelfs een hemdknoop aan met de naaimachine. Maar of ik daar werkelijk tijd op bespaar, betwijfel ik. Misschien maak ik gewoon graag lawaai! Dit boek bevat meer dan 70 ideeën die je bijna allemaal kunt maken dankzij de tools die je op deze pagina ziet liggen. **IS DAT écht alles? YES IT IS!**

BREEKMES
Dit is hét top-tool uit dit boek. Al sinds de oertijd betekent het bezit van een scherp mes hét verschil tussen leven of dood en dat geldt in dit boek ook. Dit is het enige waarin je echt mag investeren want net als in de keuken bespaar je, door de aanschaf van een stevig, kwalitatief mes, op tijd én moeite. Ik kocht mijn breekmes bij HUBO meteen met een set reservemesjes erbij.

SNIJMAT
Als je met een breekmes werkt, komt een snijmat goed van pas! Het beschermt jouw tafel én vermijdt dat het mes snel bot wordt. Heb je geen snijmat? Gebruik dan een dik stuk karton of een plank. Mijn snijmat vond ik bij Lucas Creativ.

HOUTZAAG
Dit uit de kluiten gewassen broodmes is krachtiger dan je denkt! Net als de hamer heb je maar voor een drietal dingen uit dit boek een houtzaagje nodig. Maar ik wil het er wel éven over hebben: begin steeds met zagen in 'slow-motion' en zet pas kracht bij wanneer je ziet dat de zaag een kleine groef gemaakt heeft. Zaag rustig, zonder te veel kracht te zetten, maar met een regelmatig ritme en voor je het weet zit je erdoor!

SCHAREN
Met een stofschaar mag je nooit papier snijden want dan worden de messen snel bot. Dus heb ik een tweede schaar om papier te knippen. De stofschaar vond ik bij Veritas en de papierschaar bij AVA.

LIJM
Er bestaat voor elk materiaal wel een aparte soort lijm, maar dit is de basis die je zéker in huis moet hebben: papierlijm waarmee je weinig kans op morsen hebt zoals een lijmstick, secondelijm voor alles wat snel aan elkaar moet blijven zitten en een tube of pot transparante, universele contactlijm. Lees altijd aandachtig de gebruiksaanwijzing op de verpakking voor een geslaagd resultaat!

IJZERDRAAD
Ik heb ijzerdraad in verschillende diktes en kleuren. Je kunt ze vinden op een bobijntje, op rol of zelfs door een ijzerdraadkapstok open te knippen. Vrijwel alle winkels vermeld in dit boek verkopen het, omdat de toepassingen zo veelzijdig zijn.

TANG
Dit is geen gewone tang. Dit is mijn urban-survival-tool! Op mijn twintigste verjaardag legden mijn vrienden samen om me deze Leatherman te schenken en sindsdien draag ik hem altijd in mijn tas! Kom ik op straat een afgedankt meubel tegen, met mooie handvaatjes, dan vijs ik die er af met deze dikke vriend. Uiteraard volstaat een gewoon knip- en nijptangetje voor de ideeën uit dit boek.

HAMER
De hamer heb je maar voor een drietal items in dit boek nodig, en je zou ook alles kunnen lijmen in de plaats, maar een goede hamer in huis is altijd handig. Al was het maar om een losgekomen hakplaatje terug te slaan.

POTLOOD
Dit is eigenlijk een vulpotlood: altijd scherp en steeds een even dikke lijn, ideaal dus voor afmetingen af te tekenen, etc. Met een gewoon potlood kom je uiteraard ook al uit de voeten.

TAPE
Plakband, in alle maten, kleuren, transparant of uit papier. Dubbelzijdig of extra sterk, een doos met allerlei soorten bij de hand is voor mij als een doos vol snoep. Koop liever geen merkloze rommel want niets is zo nefast voor de plakvreugde als een verstorven rol die steeds vanzelf inscheurt…

PERMANENTE STIFTEN
Deze stiften van Steadler hebben aan de éne kant een fijne en aan de andere kant een dikke punt en dat is écht handig. Bovendien lijkt het eeuwen te duren voor ze leeg zijn én zijn ze wel permanent maar stinken ze niet.

SPELDEN
Met bolle of fijne kop, lang of kort, met een oog erin: spelden komen goed van pas! Let erop dat je geen goedkope, ijzeren speldjes koopt want die kunnen gaan roesten en dat maakt vlekken.

METAALLAT
Als je voorzichtig bent, kun je ook met het breekmes langs een plastic lat snijden, maar ideaal is dat niet.

FOTOTOESTEL
Het staat niet op de foto, want je hebt het ook niet écht nodig… maar het is wel leuk om tijdens en vooral na het maken van een eigen creatie enkele leuke foto's te nemen die je online kunt zetten, zodat vrienden en familie mee kunnen genieten! Zet de hashtag #maakbaar erbij en zo krijgen andere lezers en ikzelf ze ook te zien!

- 1 -

Ik ben gek op feestjes – om ernaartoe te gaan of om zelf te organiseren. Kaarsjes uitblazen, je rijbewijs halen, een jaar samen zijn met je lief, of gewoon omdat het vrijdag is: élke reden is een goede reden voor een feest!

'The most important thing is to enjoy your life – to be happy – it's all that matters.'
'Het allerbelangrijkste is van het leven te genieten – gelukkig te zijn – dat is het enige dat echt telt.'
Audrey Hepburn

HOOFDSTUK 1

SLINGERPRAAT

GEEN FEEST ZONDER SLINGERS!

Ik geef mijn zelfgemaakte slingers graag een boodschap met een knipoog, maar je kunt jouw slingers laten zeggen wat je maar wilt.

HOE MAAK JE HET?

Haal de letters voorzichtig van elkaar door de gaatjes rond de kleine, metalen ringetjes op te rekken en het karton zo min mogelijk te scheuren. Laat per letter 1 metalen ring aan de linkerkant zitten. Je zult zien dat je de letters opnieuw aan elkaar kunt bevestigen -in een andere volgorde- door ze opnieuw in het ringetje te drukken.

Maak je in: 3 minuten
Nodig: enkele klassieke feestslingers (bv. AVA), schaar, plakband

tip!

Bij mijn slingers zat geen letter W, dus knipte ik zelf twee groene letters in de juiste vorm en plakte ik het geheel vast met wat plakband aan de achterkant.

BALLON MET EEN BOODSCHAP

METEEN IN FEESTSTEMMING!

Ondanks alle digitale snufjes en (sociale) media houd ik nog steeds het meest van een klassieke, tastbare uitnodiging. Liefst in een envelop die een beetje bol aanvoelt, waardoor ik uit nieuwsgierigheid meteen aan de deur de envelop al openscheur. Deze fijne ballonkaart brengt je gasten meteen in feeststemming.

'Tijdens mijn kotjaren maakte ik er een sport van om vrienden te verrassen door gekke objecten met de post te versturen. Onder andere een opblaasbare flamingo en een plastic spaarvarken met een opgerolde brief erin kregen zonder envelop een postzegel op hun achterste. Toch hebben ze steeds hun bestemming bereikt. En de postbode zijn dag was goed...'

tip!
Probeer met de stift geen volle vlakken te tekenen, want die zouden kunnen vlekken wanneer de ballon niet opgeblazen is.

HOE MAAK JE HET?

Koop standaard kaartjes of snijd mooi gekleurd papier op maat. Of – waarom ook niet? – hergebruik oude prentkaarten of foto's voor je uitnodiging. Maak op de voorzijde van de kaart twee evenwijdige sneetjes van ca. 3 centimeter lang, op ongeveer 4 centimeter van de rand van het papier. Laat 1 centimeter afstand tussen de twee inkepingen.

Blaas de ballon lichtjes op. Maak er geen knoopje in, maar draai het uiteinde een paar keer rond en klem dicht met een wasknijper. Schrijf je boodschap met een permanente stift op de ballon en laat minstens 1 uur drogen.

Laat dan de lucht weer uit de ballon en haal de hals van de ballon door de sneetjes in de kaart. Zo zal hij mooi op zijn plaats blijven zitten.

Omdat de ballon de kaart niet veel zwaarder maakt en weinig volume inneemt, kun je de envelop standaard frankeren.

Maak je in: 5 minuten
Nodig: blanco kaarten en bijbehorende enveloppen (bv. AVA), ballonnen, breekmes, wasknijper, permanente stift

FEESTBEKERS MET DIP-EFFECT

Deze mooie feestbekers zag ik op een feestje bij een vriendin. Ze zien er niet alleen vrolijk uit, ze zorgen er ook voor dat iedereen zijn eigen glas gemakkelijk herkent. Het lijkt net of de bodem van het glas gedoopt is in verf, maar in werkelijkheid gebruik je – veel eenvoudiger – een stukje ballon.

HOE MAAK JE HET?

Je krijgt het beste dip-effect met ondoorzichtige ballonnen en glazen zonder ribbels en zonder voet.
Knip beide uiteinden van de ballon af. Zet het glas omgekeerd op tafel en span de ballon over de bodem van het glas. Corrigeer de randen van de ballon als die opgekruld zijn tegen het glas.

Maak je in: 3 minuten
Nodig: glazen, ballonnen, scherpe schaar

CAVANANAS

IN SOMMIGE LANDEN SCHENKEN MENSEN EEN ANANAS ALS SYMBOOL VAN GASTVRIJHEID.

Wij nemen meestal een flesje wijn of bubbels mee naar een feestje. Vanaf nu combineer ik de twee en roep ik een nieuwe traditie in het leven: de cavananas. Pittig extraatje: in deze gele vrucht zit niet enkel een fles bubbels maar ook een hele doos chocoladebonbons verstopt.

tip!

Likeurbonbons smaken heerlijk, maar kunnen stuk gaan als je de ananas vasthoudt. Daarom kies je beter voor minder fragiele bonbons. Ferrero Rochers bijvoorbeeld zijn stevig en zien er feestelijk uit dankzij hun gouden wikkel.

HOE MAAK JE HET?

1) Rol het pak crêpepapier in zijn geheel op en knip het in vier gelijke stukken. Knip de stukken overdwars nog eens doormidden. Nu heb je een flinke stapel vierkanten. Bevestig in ieder papiertje een bonbon met dubbelzijdige tape.

2) Knip bladvormige repen uit stevig groen papier en plak ze met dubbelzijdige tape rond de hals van de fles. Begin met kleine blaadjes aan de dop, maar laat de dop zelf onbeplakt. Zo kun je de fles openen zonder de ananas te beschadigen. Werk zo verder naar beneden, met steeds groter wordende bladeren. Als bijna de helft van de fles bekleed is met groene blaadjes, plak je van onder naar boven de ingepakte bonbons op de fles. Plak ze dicht tegen elkaar, tot 2 centimeter over de groene bladen. Vouw de gele blaadjes een stukje naar buiten.

Maak je in: 10 minuten
Nodig: fles cava of andere drank, individueel verpakte bonbons (bv. Ferrero Rocher), 1 pak geel crêpepapier, stevig groen tekenpapier, dubbelzijdige tape, papierschaar

druppel en wolk (ware grootte)

HOMEMADE UITSTEEKVORMPJES

JE KUNT EEN HELE VERZAMELING KOEKJESVORMEN BIJEEN SPAREN, MAAR SOMS WIL JE EEN VORM GEBRUIKEN DIE JE NIET GEMAKKELIJK IN DE WINKEL VINDT.

Voor een vriend die op kamers ging, maakte ik ooit pasta in de vorm van sleutels. Ik had geen zin om alles met de hand uit te snijden, maar tijd om het internet af te schuimen op zoek naar de ideale uitsteekvorm had ik evenmin. Dus ging ik aan de slag met wat ik in mijn keukentje voorhanden had en maakte de vorm gewoon zelf. Dat bleek veel gemakkelijker dan verwacht. De druppelvorm voor deze ketting maakte ik op precies dezelfde manier.

HOE MAAK JE HET?

Oké. Haal even diep adem, trek je handschoenen aan en houd je breekmes in de aanslag. Een blikje ontmantelen lijkt griezeliger dan het is – echt waar! Ik heb (hout vasthouden) nog nooit in mijn handen gesneden dankzij mijn dunne maar extra sterke handschoenen van Hubo. Ik gebruik ze al jaren!

1) Snijd de bodem en de bovenkant van het blik weg met het breekmes.
2) Knip de cilinder open met je schaar.
3) Maak een kraslijn op een halve centimeter van de rand door met het breekmes langs een stalen lat te krassen. Vervolgens kras je enkele centimeters verder, ongeveer in het midden van het blik.
4) Knip een reep blik af door met je schaar die tweede kraslijn te volgen. Als je sterk genoeg bent, kun je ook meteen snijden met het breekmes.

Maak je in: 15 minuten
Nodig voor de uitsteekvorm:
beschermende handschoenen (bv. Hubo), leeg blikje, breekmes, schaar, (stalen) lat, platte tang, plastic tape

**doing
what you like
is freedom
liking
what you do
is happiness**

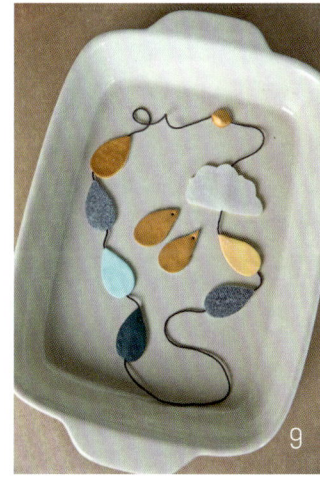

5) Volg nu de eerste kraslijn en vouw de reep blik voorzichtig een halve centimeter om. Dit zorgt niet alleen voor versteviging van de uitsteekvorm, maar beschermt tegelijk ook je handen.

6) Is het de eerste keer dat je zelf een uitsteekvormpje maakt? Kies dan voor een eenvoudig ontwerp. Teken het op de juiste grootte. Plooi de reep blik in de juiste vorm door de lijn van de tekening te volgen. Scherpe bochten maak je best met behulp van een platte tang. Laat de beide uiteinden niet meer dan 1 centimeter overlappen en plak ze vast met een stukje plastic tape. Wil je je vormpjes vaker gebruiken? Maak dan twee gaatjes door de overlapping met een hamer en een dikke spijker. Stop er ten slotte klinknagels of splitpennen in.

7) Voor het halssnoer met de druppels rolde ik FIMO-klei in verschillende kleurtjes flinterdun uit. Dat gaat erg gemakkelijk met een pastamachine! Het koord mag mee in de oven – op voorwaarde dat het helemaal van katoen is (een synthetisch koord zou kunnen smelten).

8) Leg het koord tussen twee lagen klei en steek de druppels uit met de uitsteekvorm. Trek de overbodige restjes klei voorzichtig weg. De knoop van het koord legde ik ook tussen twee lagen FIMO, maar als uitsteekvormpje gebruikte ik hiervoor het dopje van een stift.

9) Bak tot slot het geheel in de oven volgens de aanwijzingen op de verpakking.

Nodig voor de ketting: deegrol (of pastamachine), FIMO-klei, koord (100 % katoen, bv. De Banier)

VERJAARDAGS-KALENDER

365 DAGEN IN FEESTSTEMMING!

MIJN KLASSIEKE VERJAARDAGSKALENDER ging al jaren mee. Er stond een allegaartje van verjaardagen op en voor de nieuwe verjaardagen was al lang geen plaats meer over. Bovendien vond ik het vervelend om bij alle Jannekes en Miekes de volledige familienaam te moeten schrijven. Een foto erbij dan maar? Daar was natuurlijk ook geen plaats meer voor...
Op een dag kreeg ik er zo de kriebels van dat ik mijn eigen verjaardagskalender bedacht. Et voilà: zie hier het resultaat!

tip!
Het maandblad FLOW is bijzonder mooi. Ik koop er soms meteen twee exemplaren van: eentje om te bewaren en eentje om te verknippen en uit elkaar te halen.

Maak je in: 20 minuten
Nodig: gekleurd papier of pagina's uit tijdschriften (bv. Flow), schaar, vierkante stukjes karton (kant-en-klaar, bv. AVA), kleine veiligheidsspeldjes (bv. Veritas of AVA), lint of koord, lijmstift, perforator, stempel of pen, foto's van de jarigen

HOE MAAK JE HET?

Het idee is simpel: iedere maand heeft zijn eigen vlaggetje. Daaronder hangt voor iedere jarige van die maand een kaartje met zijn/haar foto (of naam) en de dag van zijn/haar verjaardag, in de juiste volgorde.

Snijd voor de maandvlaggetjes telkens dezelfde ruitvorm uit oude tijdschriften of gekleurd papier.

Vouw de ruiten dubbel en hang ze over een lint of koord. Je plakt ze best vast met een plakstift om te vermijden dat ze over elkaar schuiven.

Maak met een perforator een gaatje in de punt van elke ruit en stempel of schrijf de eerste letter van de maand op ieder vlaggetje.

Neem een vierkant kaartje voor iedere jarige. Print voor de portretjes simpelweg profielfoto's van Facebook af. Het formaat is precies goed. Knip de foto's ruitvormig uit en teken de verjaardagsdatum erop. De dag alleen is voldoende. Maak gaatjes in de boven- en onderkant van iedere foto met je perforator en hang de foto's onder elkaar (in de juiste volgorde) met kleine veiligheidsspeldjes. De kaartjes zullen netjes onder elkaar hangen als de kop van de veiligheidsspeld helemaal in het perforatorgaatje past. Dat is bij de miniveiligheidsspeldjes geen enkel probleem. Heb je geen speldjes? Probeer het dan eens met paperclips.

ONZICHTBARE SFEERLAMP

Deze lamp is ideaal voor mensen die steevast met een mooi bedrukt stofje thuiskomen, maar niet meteen weten wat ze er van willen maken: je kunt de 'hoes' oneindig vaak vervangen door een andere stof. En wat dacht je van een geheime boodschap in de lamp door letters i.p.v. een lampsilhouet uit te snijden? Je kunt de boodschap enkel lezen wanneer de lamp brandt.

HOE MAAK JE HET?

1) Je kunt een bestaande, ondiepe doos gebruiken, maar ik sneed uit een gebruikte verhuisdoos snel een identieke voor- en achterkant. Verder heb je nog 4 ondiepe zijkanten nodig.

2) Teken op de voorkant het silhouet van een lamp of een andere tekening of tekst naar keuze. Snijd dat uit met een breekmes.

3 en 4) Monteer de zijkanten met spelden aan de achterkant van de doos. Plak een kleine tl-armatuur met een krachtige lamp tegen een zijkant met dubbelzijdige montagetape.

5) Maak een nette inkeping in het karton op de plek waar de elektrische kabel naar buiten gaat.

6) Speld de voorkant van de doos op zijn plaats en plak stevige tape over de naden voor extra duurzaamheid.

7) Gebruik een poster of een stuk ondoorzichtige stof (groot genoeg om over de randen te vouwen) en prik het aan de achterkant vast met spelden. Vouw de hoekjes netjes naar binnen.

8) Kleef tape over de stofranden. Je kunt een ijzerdraadje achteraan in de doos prikken als je de lamp aan de muur wilt hangen.

Overdag is het een (muur)decoratie, 's avonds extra sfeerverlichting!

Maak je in: 25 minuten

Nodig: oude doos of stuk karton, breekmes, pen, spelden, kleine tl-armatuur met lamp (foto A), stevige dubbelzijdige montagetape (bv. Bison), poster of ondoorzichtige stof, evt. ijzerdraad

'The best way to cheer yourself up is to try to cheer someone else up.'
Mark Twain

SCHENK EENS EEN GEPERSONALISEERD KOPJE

ZE DUIKEN TEGENWOORDIG VAAK OP IN CADEAUWINKELS en op creatieve marktjes: beschilderde kopjes met leutige leuzen en schattige gezichtjes. Nog leuker is het om zelf een kopje of beker te personaliseren. Een ideaal cadeau is dat! Maar wat is nu precies de truc om de tekening niet te laten vervagen door de afwas? Een vriendin en ik verzamelden enkele mooie kopjes op de rommelmarkt. Daarna lieten we onze pennen erop los. Gelukkig kreeg ik van de altijd vriendelijke Patrick (hij werkt bij Lucas Creativ – doe hem mijn groeten als je hem ziet!) de ultieme tip voor een duurzaam en quasi onuitwisbaar resultaat.

HOE MAAK JE HET?

Het is heel simpel: begin met het servies eerst extreem zorgvuldig te ontvetten. Gewoon afwasmiddel is niet voldoende. Patrick raadde mij ammoniak aan, maar ik houd niet van de geur van dat goedje. Daarom gebruikte ik gewoon ontsmettingsalcohol, met succes! Kijk gewoon even wat je nog in huis hebt en test het eens uit.

Maak de tekst en/of tekeningen met de porseleinstiften (of met een speciale verf die je met een penseel moet aanbrengen). Draag afwashandschoenen om het serviesgoed niet opnieuw vettig te maken tijdens het tekenen.

Ben je tevreden met je tekening? Laat dan de inkt voldoende drogen en bak het serviesgoed nog even in de oven. De juiste temperatuur en baktijd staan vermeld op de stiften.

Maak je in: 15 minuten
Nodig: servies, ontvetter (bv. ontsmettingsalcohol), porseleinstiften (bv. Marabu bij Lucas Creativ), afwashandschoenen

FRIENDS DO IT

JOY ANNA THIELEMANS

UNIEKE TOTE BAG

Joy Anna heeft haar naam niet gestolen: ze was haar übervrolijke zelf toen ze vroeg in de ochtend deze simpele katoenen zak omtoverde in een unieke, persoonlijke draagtas (of *tote* in het Engels).

Joy Anna is een talentvolle actrice – waarschijnlijk ken je haar vooral van op televisie. Maar wist jij dat ze ook creatief is met haar outfit en dat ze zelfs haar interieur graag een persoonlijke touch geeft? Voor de tekst op de stof gebruikte ze letterstempels, maar de rechthoeken achter haar naam maakte ze door het hele stempelkussen rechtstreeks op de stof te drukken. Niet erg gebruikelijk, maar hey, why not? Je kunt Joy Anna volgen via @joythielemans.

ZELF STEMPELS MAKEN

DE LETTERSTEMPELS die Joy Anna gebruikte, werden jaren geleden bij De Banier gekocht. tegenwoordig zijn ze nog maar moeilijk te vinden. Vind je ze mooi en wil je ze graag hebben, dan maak je ze toch gewoon zelf? Een vriendin en ik namen de proef op de som: op een kwartiertje waren we al klaar!

Maak je in: 15 minuten
Nodig: een vel knutselrubber, houten blokjes of bokaaldekseltjes, (transparante) plastic dekseltjes, schaar, stiftje, evt. een afgeprint alfabet (in een lettertype naar keuze), secondelijm of rubbercement, een gestreken katoenen tas (min. 1 x gewassen), stempelkussens

HOE MAAK JE HET?

Teken letters of figuren op een vel knutselrubber. Voor het mooie alfabet van Joy Anna's *tote* print en knip je grote letters uit. Maak het jezelf gemakkelijk en knip de papieren letters samen met het knutselrubber. Plak de letters of figuren afzonderlijk op houten blokjes of stevige stukjes karton met secondelijm of rubbercement. Doorzichtige dekseltjes (bv. van verpakkingen) zijn de ideale stempelbasis en maken stempelen erg gemakkelijk, want dan zie je precies waar je de stempel zet. Als je stempelt op textiel, gebruik dan stempelkussens met onuitwasbare inkt of doe een beetje textiel- of acrylverf op een afwassponsje. Bewaar dit sponsje achteraf in een goed afgesloten potje, zodat het niet kan uitdrogen.

Veel mensen drukken de stempel op het kussentje en kopen dan ook stempelkussens waarvan het formaat afgestemd is op het formaat van de stempel. Maar je kunt evengoed het stempelkussen tegen de stempel drukken: zo geef je met een klein stempelkussen ook grote stempels voldoende inkt.

- 2 -

Als humor een kleur was, zou ze geel zijn. Dé kleur voor een zonnig humeur. Het is een kleur die ik jarenlang onterecht links liet liggen, maar waardoor ik om onverklaarbare redenen sinds kort geobsedeerd ben! Wanneer er keuze is, is het steevast de eerste kleur waar ik naar grijp.

GEEL
LET THE FUTURE BE BRIGHT AND YELLOW AND OPTIMISTIC!

'The only people for me are the mad ones, the ones who are mad to live, mad to talk, mad to be saved, desirous of everything at the same time, the ones who never yawn or say a commonplace thing, but burn, burn, burn, like fabulous yellow roman candles exploding like spiders across the stars and in the middle you see the blue centerlight pop and everybody goes Awww!'

Jack Kerouac

HOOFDSTUK 2

SNAK JE NAAR KLEUR?
MAAK DAN DEZE HANDIGE VAZEN!

Wist je dat je bij de meeste verfmengmachines ook een staaltje kunt kopen? Kies jouw favoriete tint en integreer deze kleur in jouw interieur zonder grote investeringen of permanente veranderingen door te voeren. Deze vaasjes maak je van lege bokalen en ze zijn niet alleen een vrolijke noot in de ruimte, maar ook nog erg praktisch!

HOE MAAK JE HET?

Giet langzaam wat gele verf in een bokaal, draai de bokaal rond tot er overal verf aan de binnenwanden hangt en giet het teveel aan verf in de papieren beker. meng een klein beetje rode verf bij de gele verf in de beker en giet dit in de volgende bokaal. Zo maak je een 'ombre-effect'. Laat de bokalen uitlekken op enkele satéprikkers en gebruik ze pas als de verf helemaal droog is.

Maak je in: 3 minuten + droogtijd
Nodig: lege, uitgewassen en droge bokalen zonder label, 1 klein potje rode en 1 klein potje gele verf (synthetisch of op waterbasis), mengstokje, wegwerpbeker, kartonnen doos en stokjes.

ONWEERSTAANBAAR BETONKRUKJE

JOUW MINIBETONPROJECT

DELEN IS HET NIEUWE HEBBEN. Net zoals ik mijn ideeën met de wereld deel via dit boek, bestaan er honderden blogs en websites waarop je gedetailleerde handleidingen voor van alles en nog wat kunt vinden. Eén van mijn meest recente vondsten is www.homemade-modern.com, de superinspirerende webstek van plantrekker **Ben Uyeda**.

Ik kan je geen garantie geven dat hij werkelijk de eerste was die het krukje bedacht, maar hij was in ieder geval de eerste van wie ik het zag.

Voor jullie fabriceerde ik mijn eigen versie. Meer nog: ik voegde er met plezier enkele handige tips aan toe, zodat jouw minibetonproject onmogelijk kan mislukken.

De kruk is letterlijk stevig genoeg om een olifant te dragen, maar je kunt hem evengoed gebruiken als plantstaander of nachttafeltje. Hij is snel gemaakt en kost stukken minder dan een fancy krukje uit de winkel.

Maak je in: 30 minuten + 24 uur uitharden
Nodig: bezemsteel, handzaag, 12 grote spijkers, hamer, stevige ijzerdraad, kant-en-klare betonmortel, stevige kuip of emmer, water, stok om te mengen, evt. verf

HOE MAAK JE HET?

1) Zaag de bezemsteel in drie gelijke stukken. Daar hoef je geen zware tools voor in huis te halen: met een eenvoudig handzaagje gaat dat sneller dan je denkt!

2) Opdat de poten goed verankerd in het beton zouden blijven zitten, hamer je op het uiteinde van elke poot enkele grote spijkers. Zorg ervoor dat ze stevig in het hout zitten, maar sla ze niet volledig in het hout.

3) Draai een stuk ijzerdraad rond de spijkers en maak zo de drie poten aan elkaar vast, op ongeveer 10 centimeter van elkaar.

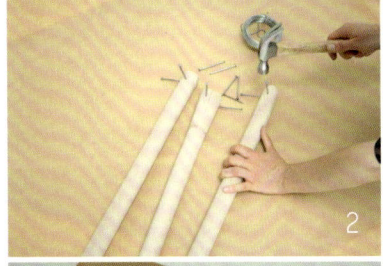

4) Giet een half pak kant-en-klare betonmortel in een stevige kuip of emmer. Zorg ervoor dat je het poeder niet inademt! Giet water bij het poeder (check de verpakking voor de juiste verhoudingen).
5) Meng het poeder en het water met een stevige stok. Stop pas met mengen wanneer je zeker bent dat er geen klonters meer in zitten. De brij moet stevig aanvoelen, maar het oppervlak moet zichzelf nog kunnen egaliseren. Tik hard en lang op de buitenrand van de emmer zodat alle luchtbelletjes hun weg naar boven kunnen vinden.
6) Druk de potenconstructie in het midden van de betonbrij. Laat hierbij de poten op gelijke afstand van elkaar tegen de emmerwand rusten.
Laat het beton 24 uur uitharden en draai de emmer dan voorzichtig ondersteboven. De kruk glijdt gemakkelijk uit de emmer. Laat de kruk nu nog drie dagen drogen aan de lucht indien je hem wilt beschilderen.

Van één krukje spoot ik de poten geel met acrylverf. Een andere kruk gaf ik een fijn kantmotief. Hiervoor gebruikte ik een kanten tafelbeschermer: even vastplakken met spuitlijm, een verfroller door wat gele verf halen, rollen en klaar!

tip!

Voor extra drama kun je 'puff paint' gebruiken. Dat soort verf ziet er heel gewoon uit, maar puff paint wordt dik en schuimig als je er met een strijkijzer overheen gaat. Leg wel een stuk bakpapier tussen het strijkijzer en de verf om je strijkijzer te beschermen.

BEENGOED

PANTY'S MET EEN PRETTIG PRINTJE

TEGENWOORDIG ZIE JE OVERAL kleur- en motiefrijke panty's. Met een beetje fun en inspiratie beperk je het risico op panty-dubbelgangsters tot een absoluut minimum.
In enkele minuten van monotone basic naar een karaktervol accessoire? BEENGOED!

HOE MAAK JE HET?

Voor je aan de slag gaat, moet je even uitkijken welke panty's je gebruikt, want je wilt natuurlijk wel het best mogelijke resultaat. Stempelen op panty's gaat het gemakkelijkst op ondoorschijnende exemplaren (> 60 denier). Deze techniek is heel geschikt voor panty's die gemaakt zijn van synthetische vezels.

1) Snijd twee keer een rechthoek van 16 bij 80 centimeter uit stevig karton. Rond de hoeken flink af. Plak de randen zorgvuldig af met smalle, gladde tape om te voorkomen dat de ruwe randen van het karton ladders zouden maken in de panty's.

2) Stroop de panty op in je handen en stop in elk been een stuk karton. Twee stukken karton tegelijk gebruiken lijkt misschien onhandig, maar geloof me, het werkt echt sneller en efficiënter: je ziet meteen of je de twee benen een beetje gelijkmatig stempelt of niet.

3) Test enkele stempelcombinaties op papier voor je jouw favoriete print op de panty zet.

Maak je in: 20 minuten
Nodig: panty's (> 60 denier), karton, breekmes, tape, permanente inkt op solventbasis, stempels

tip!

Als je lang plezier wilt hebben van je panty's, doe je ze best in de delicate was en gebruik je beter geen agressief wasmiddel. Handwas is nog beter.

PANTY'S OMBRE-EFFECT

DEZE PANTY'S KOCHT IK VORIGE WINTER EN ZE WAREN AANVANKELIJK SAAI EN WIT.
Maar ik ben tegenwoordig nu eenmaal geobsedeerd door de kleur geel, dus gaf ik de panty's al eens een make-over met gele textielverf in de wasmachine.
Het ombre-effect maakt de facelift compleet.

HOE MAAK JE HET?

Verven werkt – in tegenstelling tot stempelen – het best wanneer er wél voldoende natuurlijke vezels in het textiel zitten (zoals katoen en viscose). Als je een nieuwe panty gebruikt, geef je hem best eerst een wasbeurt om eventuele waterafstotende chemicaliën te verwijderen. Zorg er ook voor dat de panty goed droog is voor je aan de slag gaat.
Giet het verfpoeder in een pot die je niet voor eten gebruikt (ik kocht dit versleten exemplaar in de kringwinkel voor 1 euro!). Giet er kokend water bij en roer tot er geen klonters meer in zitten. Vergeet niet om het fixeermiddel toe te voegen.
Laat de voeten van de panty zakken in de kleurstof en kijk hoe de stof de kleur opzuigt. Hang de panty een paar uur aan het wasrekje, boven de pot met kleurstof, en spoel hem daarna grondig uit.

Maak je in: 45 minuten
Nodig: panty's met een natuurlijke samenstelling (katoen, wol, viscose), textielverf in poedervorm, fixeermiddel, kokend water, oude pot of bak

MEER
SUNSHINE INSIDE
PARTY
SEW-BE-DO
SEW-BE-DO
fabric
55 cm x 45
MMMM INSPIRATIE
DecoArt
Multi GLOSS
Rayher
IDEEEN
LL YOU KNIT
S LOVE

Crea-cadeau-box

IK BIECHT HET OP: ik durf het kopen van een verjaardagsgeschenk wel eens té lang uit te stellen. Onlangs waren de winkels zelfs al gesloten! Ik moest halsoverkop iets vinden voor een vriendin met wie ik vaak samen knutsel. Net op de valreep kreeg ik een gouden ingeving. Ik dook in mijn knutselkast en stelde in no time deze cadeaubox vol creatieve spulletjes samen. En alles in onze lievelingskleur! Ik zag meteen dat ze er oprecht gelukkig mee was. Eind goed, al goed... Oef!

HOE MAAK JE HET?

Beplak een doos of kistje met een leuk stofje of een vrolijk stuk papier dat je bevestigt met (spuit)lijm. Als je wilt, kun je de doos extra persoonlijk maken met foto's of een opschrift.

Verzamel de inhoud. Natuurlijk kun je hiervoor gaan shoppen, maar het kan ook met spulletjes uit je eigen kast. Ik stak er bijvoorbeeld een stapeltje gele kleefbriefjes in, die ik knipte in de vorm van een gloeilamp.

Op het eerste blad schreef ik het woord 'ideeën'. Kregen ook een plaatsje in mijn hoogstpersoonlijke cadeaubox: enkele mooie knoopjes, vastgenaaid op een geel stuk karton, een zelf ontworpen wikkel rond een bolletje wol... en twee repen chocolade in een zelfgemaakte wikkel voor 'inspiratie' (chocolade helpt altijd ;-)).

Maak je in: 50 minuten
Nodig: doos of kistje, stof of papier, spuitlijm/lijmstift, leuke spulletjes om in de cadeaubox te stoppen

tip!

Ook bijzonder: maak een klein craftboekje met daarin je favoriete craftprojecten... Hoe persoonlijker de cadeautjes, hoe leuker!

FRIENDS DO IT

BENOITTE KIANGANA

AFRIKAANSE STOFFEN OORBELLEN

Benoitte Kiangana Mupatshi is gevierd door velen: ze is opvoedster voor bijzondere jeugd én de felle lead singer bij de succesvolle reggaeband Iron Ites.

Omdat ze – naar eigen zeggen – haar goesting niet vindt in de winkel, begon Benoitte haar eigen juwelen te maken door stukjes petfles te beplakken met Afrikaanse stoffen. Ook de pet op haar hoofd kreeg een make-over met textiel en glitter. Haar motto? 'Fashionable kan evengoed "on the cheap"!'

GHENT STREET STYLE

DE NIEUWE SCHOENEN VAN DE CREADIVA

IK BEN GEK OP BENOITTES AFRIKAANS GEÏNSPIREERDE STIJL!

Ik liet me op mijn beurt door haar inspireren en ging ook aan de slag met die kleurrijke Dutchwax stofjes. Goed nieuws voor mijn spijtige miskoop van vorige winter...

Hoe maak je het?

1) Beplak één schoen volledig met strookjes papiertape.

2 en 3) Markeer met een stiftje de boven- en onderrand van de schoen. Teken precies in het midden van de hiel en hak een lijn, van onder tot boven.

4) Snijd de laag papiertape op de hak voorzichtig door, netjes langs de getekende lijn. Pel de laag dan voorzichtig van de schoen af. Knip de boven- en onderrand bij op de getekende lijnen. Dit is het patroon.

5 en 6) Kies voor een stevige, niet-elastische stof. Met geweven, bedrukt hemdkatoen gaat het perfect. Vouw de stof dubbel met de bedrukte kanten naar buiten. Plak dan het patroon plat op de stof. Let erop dat je het patroon diagonaal op de draadrichting legt. Diagonaal is een geweven stof altijd een beetje elastischer dan in de rechtedraadrichting.

In het tipje van het patroon maakte ik enkele inkepingen om de tape mooi plat te laten liggen. Knip de stof uit op 1 centimeter van de rand van het patroon.

7) Om de stof vast te plakken, smeer je de schoen in met Heavy Gel acrylmedium. Zo kun je de stof nog een beetje verschuiven voor alles definitief vastkleeft. Acrylmedium is bovendien niet duur, watervast en je kunt het als lijm en als vernis gebruiken. In de winkel vind je een matte en een glanzende variant. Smeer het medium uit over de volledige schoen.

8) Leg nu de stof op de schoen: begin bij de neus. Trek het textiel overal mooi strak, zo-

dat het de vorm van het schoenleer volgt zonder plooitjes. Eventueel kun je kleine plooitjes bijknippen met een fijn schaartje. Let erop dat je zowel aan de zool als aan de bovenrand voldoende stof over hebt.

9) Lijm het overschot aan de bovenrand naar binnen. Snijd het overschot aan hiel, hak en zoolrand netjes weg.

10) Als je wilt, kun je de stof nog een vernislaag geven met hetzelfde medium (wacht hiervoor wel tot alles opnieuw is opgedroogd). Een vernislaagje maakt de stof extra vuilafstotend, maar ik liet mijn nieuwe exotische schoenen liever zo.

Maak je in: 60 minuten
Nodig: een paar schoenen, papiertape, markeerstift, breekmes, stof, Heavy Gel acrylmedium, kleine borstel, stofschaar

BENOITTE DECOREERT HAAR PETTEN EN OORBELLEN MET GLITTER-LINER. LAAT JE NIET AFSCHRIKKEN ALS JE DEZE VOOR HET EERST GEBRUIKT: ALS JE HEM AANBRENGT ZIET HET ER GEWOON WIT UIT, MAAR EENMAAL OPGEDROOGD KRIJG JE EEN PRACHTIG GLITTEREFFECT.

– 3 –

GEO-METRIE

'HET SCHONE IS HET ABSOLUTE EVENWICHT'
Constantin Brancusi

'BEAUTY IS GEOMETRY'
J.K. Rowling, THE CASUAL VACANCY

Hoewel de gedachte eraan jou misschien meteen onzacht terug naar de schoolbanken katapulteert, werd deze aloude wiskundige wetenschap doorheen de geschiedenis door honderden kunstenaars veelzijdig toegepast. Bij veel klassieke schilders en beeldhouwers, maar ook in sommige hedendaagse kunsten, vormt geometrie de basis van patroon, thema of appendix. In de designwereld zien we vandaag de massale heropleving van een trend die nooit echt weg is geweest. Uitgevoerd in een waaier aan pasteltinten, doen deze gefacetteerde vormen haast buitenaards koel en zelfs futuristisch aan. Weliswaar op een rustgevende, intelligente manier.

HOOFDSTUK 3

use my beard
to keep
you cozy

patroon op (ware grootte)

verkleind patroon opbergbakje

Muur organizer

DENK JIJ BIJ EEN PRIKBORD METEEN AAN EEN STUDENTIKOZE, SAAIE RECHTHOEK IN KURK AAN DE MUUR?

DAT IS NERGENS VOOR NODIG, want met een rol kurk maak je in een handomdraai een stijlvol en praktisch alternatief. Je kunt – zoals ik – kiezen voor een geometrisch patroon, maar ook letters en zelfs dierensilhouetten zijn een fluitje van een cent.

tip!

Voor de opbergvakjes kun je ook brikkarton gebruiken (bv. van een doos melk of sap). Ik maakte het patroon net groot genoeg om precies drie driehoeken uit één zijde van een melkbrik te krijgen. Als je de opbergbakjes uit brikkarton maakt, zijn ze watervaster en is de binnenkant meteen al zilverkleurig.

HOE MAAK JE HET?

1) Neem de rol kurk.
2) Op pagina 51 vind je het patroon voor de zeshoek. Neem het over en snijd de figuur met een breekmes eerst uit een stuk dooskarton. Gebruik dit als patroon. Bevestig een stuk kurk met contactlijm op het karton. Nu kun je met het patroon zoveel zeshoeken uit het kurk snijden als je maar wilt! Aan de rand van de zeshoeken is het karton nog zichtbaar. Daarom werkte ik deze netjes af met een laagje smalle, witte tape.
3) Voor de bakjes teken je het patroon van de vorige pagina na met een lat. Alle driehoeken hebben een zijde van 9,5 centimeter, even lang als een zijde van de zeshoek.
4, 5, 6) Vorm de bakjes uit tien driehoeken volgens de werkwijze op de foto's. Gebruik een lijmstift of contactlijm.
7) Verf de buitenkant in een leuk kleurtje voor je de bakjes aan een kurken zeshoek vastplakt. Hang de kurktegels een voor een aan de muur met krachtige dubbelzijdige tape of posterbuddies. Raak je liever niet aan je muren? Bevestig alles dan op een groot paneel.
8) Met deze techniek kun je in één moeite door je hele werkplek een classy make-over geven. Met een iets grotere zeshoek en een beetje verf maakte ik dit bijpassende muismatje.

Maak je in: 120 minuten
Nodig: kurk op rol (2 millimeter dik, bij de doe-het-zelfzaak), transportdooskarton, Bison contactlijm, breekmes, posterbuddies of dubbelzijdige tape, smalle tape, dun karton, evt. verf

DESIGNERTAPIJT

OPNIEUW EEN IDEE dat ik kreeg tijdens mijn studententijd: één gloednieuw designertapijt voor de prijs van drie eenvoudige deurmatjes! De impact die dit tapijt op een ruimte kan hebben, is niet te onderschatten, en bovendien... zonder veel plaats in te nemen. Ideaal voor op kot, dus.

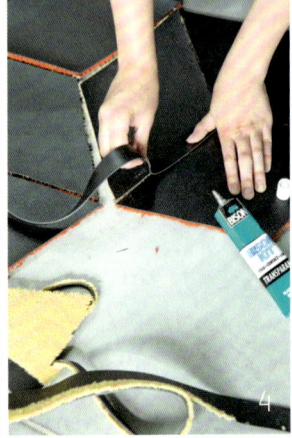

HOE MAAK JE HET?

1) Neem de deurmatten.
2) Ik koos hier voor een patroon met ruiten, maar laat je gerust inspireren door andere geometrische (patchwork)vormen. Het internet staat er vol van! Zoek afbeeldingen met de trefwoorden 'quilts' of 'patchwork'.
3) Snijd met het breekmes een ruitvorm uit het karton en leg dit patroon op de achterkant van de deurmatten. Houd het patroon goed op zijn plaats en snijd voorzichtig langs de randen. Zorg ervoor dat je per kleur evenveel ruiten hebt. Ik sneed de rubberen randen van de matten ook af en hergebruikte ze op het einde van de rit als 'plakband'.
4) Leg de gekleurde kant naar boven en puzzel de kubusvormen in elkaar. Draai ze om (zonder de volgorde te veranderen!) en plak de rubberen randen over de naden met contactlijm. Heb je deurmatten zonder randen? Gebruik dan oude binnenbanden om ze aan elkaar te plakken. Vraag er eens naar bij de fietsenmaker: hij zal blij zijn dat jij hem ervan verlost! Was en ontvet de fietsbanden eerst grondig. Snijd ze vervolgens met een breekmes in lange linten.

Maak je in: 120 minuten
Nodig: 3 goedkope deurmatten (bv. doe-het-zelfzaak; ik vond de mijne in het Antwerps Stockhuis voor amper 8 euro) in verschillende kleuren (liefst met rubberen antisliponderkant), breekmes, een stuk stevig karton, contactlijm, evt. kapotte binnenbanden (bv. fietsenwinkel), een ontvettend product en een vod

ruitvorm (ware grootte)

Ik was zo enthousiast over deze lamp, dat ik meteen ook een staande versie heb gemaakt. Dit doe je eenvoudig door de strook papier vast te kleven in een ordner en een kleine lampfitting aan de knijpers vast te maken.

Een kaal, zielig peertje in de gang. Een jarenlange zoektocht naar precies die ene geschikte lampenkap... Herkenbaar? Voor mij in elk geval wel. Tot nu – want deze classy hanglamp ziet er heel duur en ingewikkeld uit, maar ze is geen van beide!

ORIGAMI HANGLAMP

HOE MAAK JE HET?

1) Meet de lange zijde van een blad papier, trek daar 1 centimeter van af en deel dat getal door 8. Duid deze afstand aan weerszijden van de drie bladen acht keer aan met potlood. Verbind deze punten tot acht lijnen door heel zachtjes met de achterkant van een breekmes in het papier te krassen. Vouw het papier dubbel en vervolgens opnieuw open op iedere lijn, telkens naar binnen.

2) Kras nu een lijn vanaf het midden van de onderkant van het blad naar het uiteinde van de tweede vouw. Opgelet! Houd de strook van 1 centimeter apart. Kras een tweede lijn parallel hiermee, van de uiterste hoek van de onderkant van het blad naar het begin van de vierde vouw. Ga zo door tot je vijf krassen hebt gemaakt. Vouw ze alle vijf dubbel en terug open, maar let erop dat je de vouwen niet naar binnen, maar naar buiten maakt.

3) Doe nu hetzelfde in de tegenovergestelde richting.

4) Als je de drie bladen van alle vouwlijnen hebt voorzien, plak je ze met de lijmstift aan elkaar tot een lange strook. Doe de lijm telkens op de bovenkant van het strookje van 1 centimeter.

5) Maak in iedere driehoek aan de beide lange zijden van de strook een gaatje met de perforator.

Als je dik papier gebruikt, plak dan een stukje tape op ieder kruispunt van plooien. Zo vermijd je scheurtjes. Wel even opletten: kleef de tape aan de binnenkant van de lamp!

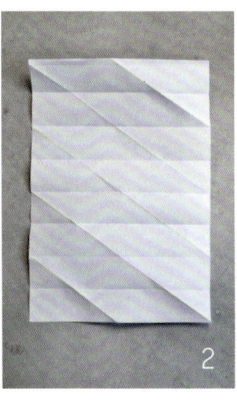

Als je het papier samenvouwt, merk je meteen of je in de goede richting gevouwen hebt. Dan komt het papier immers vanzelf al een beetje bol te staan.

6) Vouw de strook samen en haal een stukje ijzerdraad door de gaatjes, aan weerszijden van de kap.

7) Plak ten slotte de laatste strook van 1 centimeter vast zodat je de lampenkap rond sluit. Haal de kap over de lampfitting voor je het stuk ijzerdraad helemaal dichtbindt.

Maak je in: 120 minuten

Nodig: 3 mooie vellen A3-papier (bv. bij Lucas Creativ, max. 180 g), meetlat, potlood, breekmes, perforator, lijmstift, evt. transparante tape, ijzerdraad, tang

tip!

Wacht tot het kaarsvet een klein beetje is afgekoeld voor je het in de mal giet. Zo heb je minder kans dat de mal gaat lekken.
Ook www.homemade-modern.com bracht zijn versie van dit idee. Daar werd de binnenkant van de mal beschilderd met vloeibare latex om lekken te voorkomen.

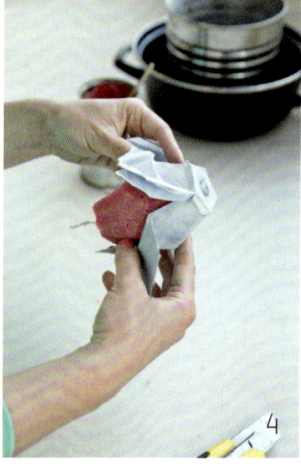

HOE MAAK JE HET?

1) Snijd het patroon van de kaarsmal uit stevig papier met je breekmes. Kras de vouwlijnen erin.
2) Plak ieder lijmflapje op zijn plaats met de alleslijm. Zorg er wel voor dat je de flapjes aan de buitenkant plakt. Maak alle naden extra waterdicht met stukjes tape.
3) Doe alle kaarsrestjes in een schoongemaakt blik en zet het in een pan met water. Op een rustig vuurtje smelt je alle kaarsrestjes tot ze vloeibaar zijn. Je zult zien dat eventuele onzuiverheden en restjes wiek naar de bodem zakken.
Wil je gekleurde kaarsen, meng dan een beetje gesmolten kaarsvet met vetkrijtjes in een ander blikje. Voor de volle kleur van de rode kaars gebruikte ik twee vetkrijtjes. Voor het ombre-effect goot ik eerst groen en daarna lichtgroen kaarsvet in de mal.
Prik een gaatje in de bodem en haal er een wiek door. Je kunt kant-en-klare wieken in huis halen, maar met een draad of koordje van 100 % katoen lukt het even goed. Maak het andere eind van de wiek vast aan een potlood of stokje, zodat het mooi op zijn plaats blijft. Giet het gesmolten kaarsvet langzaam in de mal en tik tegen de rand zodat luchtblaasjes naar de oppervlakte komen.
4) Laat enkele uren afkoelen en scheur de mal dan van de kaars. Knip de wiek tot slot een beetje korter.

Maak je in: 45 minuten + enkele uren afkoelen
Nodig: patroon (als je handig bent met tekenprogramma's, kun je zelf een mooie vorm bedenken, maar met dit patroon krijg je ook al een leuk resultaat), breekmes, stevig papier (geen karton), Bison alleslijm, tape, restjes van kaarsen, schoon en groot conservenblik, een pan met water, evt. vetkrijtjes, een wiek of een stukje katoenen koord, potlood of stokje

linkse kaars (ware grootte)

GEOMETRIE KAARSEN

IN HET BOEK VAN FABRIEK ROMANTIEK toonde ik al hoe je originele kaarsenhouders van kaarsrestjes kunt maken. Nu geef ik je weer een idee voor de restjes, maar deze keer gaan we voor een volledige kaars.

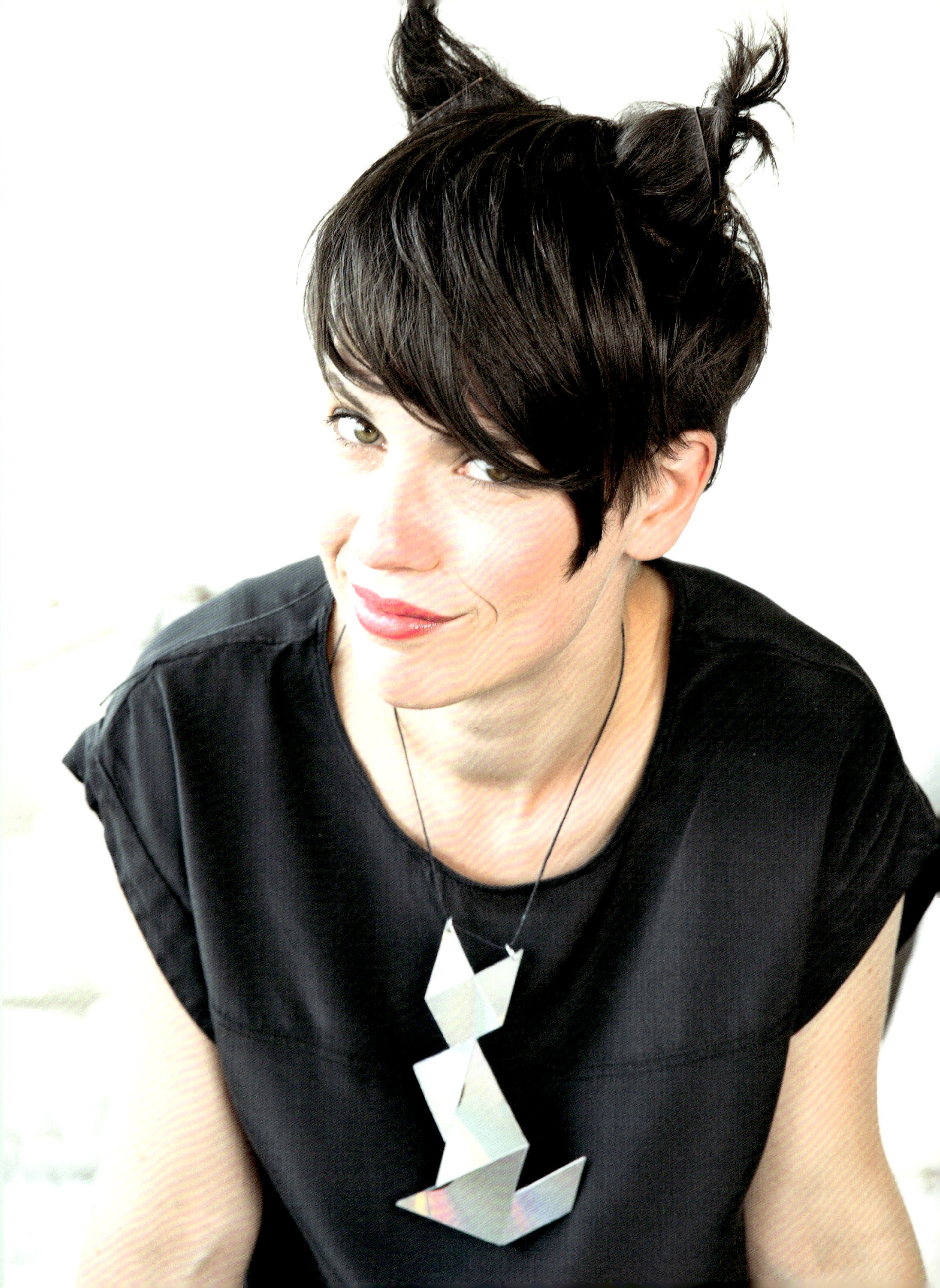

Dvd-juweel

VOOR HET ONTWERP VAN DEZE KETTING LIET IK ME INSPIREREN DOOR TANGRAM, een eeuwenoud Chinees denkspelletje. Zeven geometrische puzzelstukjes kunnen samen honderden andere figuren vormen. Bedenk je eigen puzzelfiguur of schuim het internet af naar een leuke vorm.

HOE MAAK JE HET?

1) Teken een perfect vierkant en verdeel het met een stift in vakjes zoals op de foto. Knip de figuren uit.
2) Teken ze over op de achterkant van een oude dvd met een permanente stift.
3) Leg de dvd in een kom en giet er kokend water over.
4) Wacht een paar minuten tot het plastic wat weker wordt. Daarna knip je de figuren moeiteloos uit met een papierschaar.
5) Puzzel de door jou gekozen vorm in elkaar en lijm een lapje leer of textiel op de achterkant met contactlijm of stevige dubbelzijdige tape. Gebruik geen elastisch materiaal, want dat zal de figuur kromtrekken. Nepleer geeft het mooiste resultaat.
6) Houd een naald in een kaarsvlam. Prik voorzichtig twee gaatjes met de gloeiend hete naald in de figuur. Maak het jezelf nog gemakkelijker en leg de figuur eerst op een stuk kurk of karton.
7) De ringen waarmee de figuur aan het koordje hangt, maak je zelf van een stukje messingkleurige ijzerdraad. Draai de draad een paar keer strak rond een stokje tot een spiraal. Knip de spiraal door met een tang.

Maak je in: 25 minuten
Nodig: post-it, permanente stift, schaar, heet water, contactlijm, nepleer of lapje, dikke naald, brandende kaars, ijzerdraad, koordje

Ik houd niet van schoenen... ik ben erdoor geobsedeerd.

1

2

3

4

5

CHUNKY HEELS

Welke schoenen je draagt, verklapt bovendien heel veel over jou. Ik houd van aparte en vaak extravagante modellen, maar jammer genoeg trekt mijn portemonnee dat niet... De dag waarop ik ontdekte dat je in Sint-Niklaas een avondopleiding schoenontwerpen kunt volgen, schreef ik me natuurlijk meteen in – en nu ben ik niet meer te stoppen! Maar je hoeft niet vanaf de leest te beginnen om een opvallende schoen te maken. Met een aanpassing aan een bestaand paar, lukt het ook!

HOE MAAK JE HET?

1) Neem een paar schoenen met smalle hakken.
2) Bescherm de hak en de hiel van je schoen met plasticfolie. Gebruik eventueel tape die gemakkelijk loskomt, om de folie op zijn plaats te houden.
3) en 4) Kneed de klei tot hij zacht is en druk de klei stevig tegen de schoen aan. Leg je schoenen nu ongeveer een halfuur in de diepvriezer, totdat de FIMO opnieuw hard is.
5) Maak rechte bewegingen met een scherp mes om rechte plakken van de klei af te snijden tot je een mooie, geometrische vorm hebt. Let er wel op dat de originele hak nog 2 millimeter onder de klei uitkomt, zodat je daar nog steeds met je volle gewicht op kunt steunen.
Haal de FIMO-hakken voorzichtig van de schoenen en laat ze uitharden in de oven volgens de aanwijzingen op de verpakking. Eenmaal uit de oven, zijn je nieuwe hakken even stevig als hakken van kunststof én volledig waterbestendig. Wil je een nog gladder resultaat, schuur de gebakken klei dan even op met een speciaal FIMO-schuursponsje en wat water.
6) Als je helemaal verliefd bent op je ontwerp, kun je de hakken permanent vastplakken. Ik gebruikte een stukje zelfklevend klittenband – zo heb ik twee paar schoenen in één! Plak de schurende kant van het klittenband in de hak. Leg dan de zachte kant erop met de lijmlaag naar buiten. Schuif vervolgens de hak over de schoen. Zo zitten de twee delen precies op de juiste plaats.

Maak je in: 30 minuten + 30 minuten in de diepvriezer + 30 minuten in de oven
Nodig: 1 paar schoenen met smalle hakken, plasticfolie, tape, FIMO-klei, een scherp mes, evt. schuursponsje voor FIMO en water, zelfklevende rondjes klittenband (bv. Veritas).

FRIENDS DO IT

KATRIEN VAN DE STEENE

GEOMETRISCHE COL CLAUDINE

Katrien Van De Steene is een van de vriendelijkste en mooiste vrouwen die ik ken. Ik kijk op naar haar werk als interieurspecialiste en grafisch ontwerpster, maar nog meer naar haar houding als mens. Voor dit boek had ik het geluk om met haar te mogen samenwerken. Ik zal haar hiervoor nooit genoeg kunnen bedanken – maar ik probeerde het toch, met deze twee schattige, lederen kraagjes.

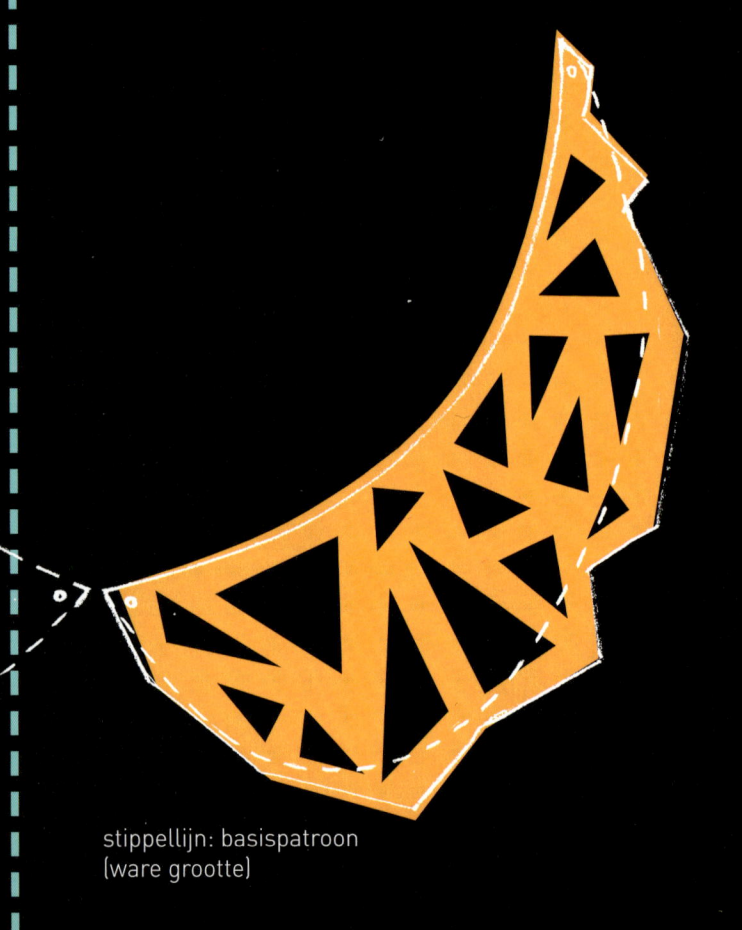

stippellijn: basispatroon
(ware grootte)

KRAAGJES zijn al enkele jaren dé herontdekking in de wereld van de accessoires. Dat verwondert me niet: ze geven een outfit meteen extra pit en vormen een elegant 'kader' rond je gezicht. Vooral die stijlvolle lederen kraagjes gaan voor veel geld over de toonbank. En dan loop je op een feestje misschien nog iemand tegen het lijf met hetzelfde ontwerp! Ga de uitdaging aan en ontwerp je eigen kraagjes: supersnel en supersimpel. Beloofd!

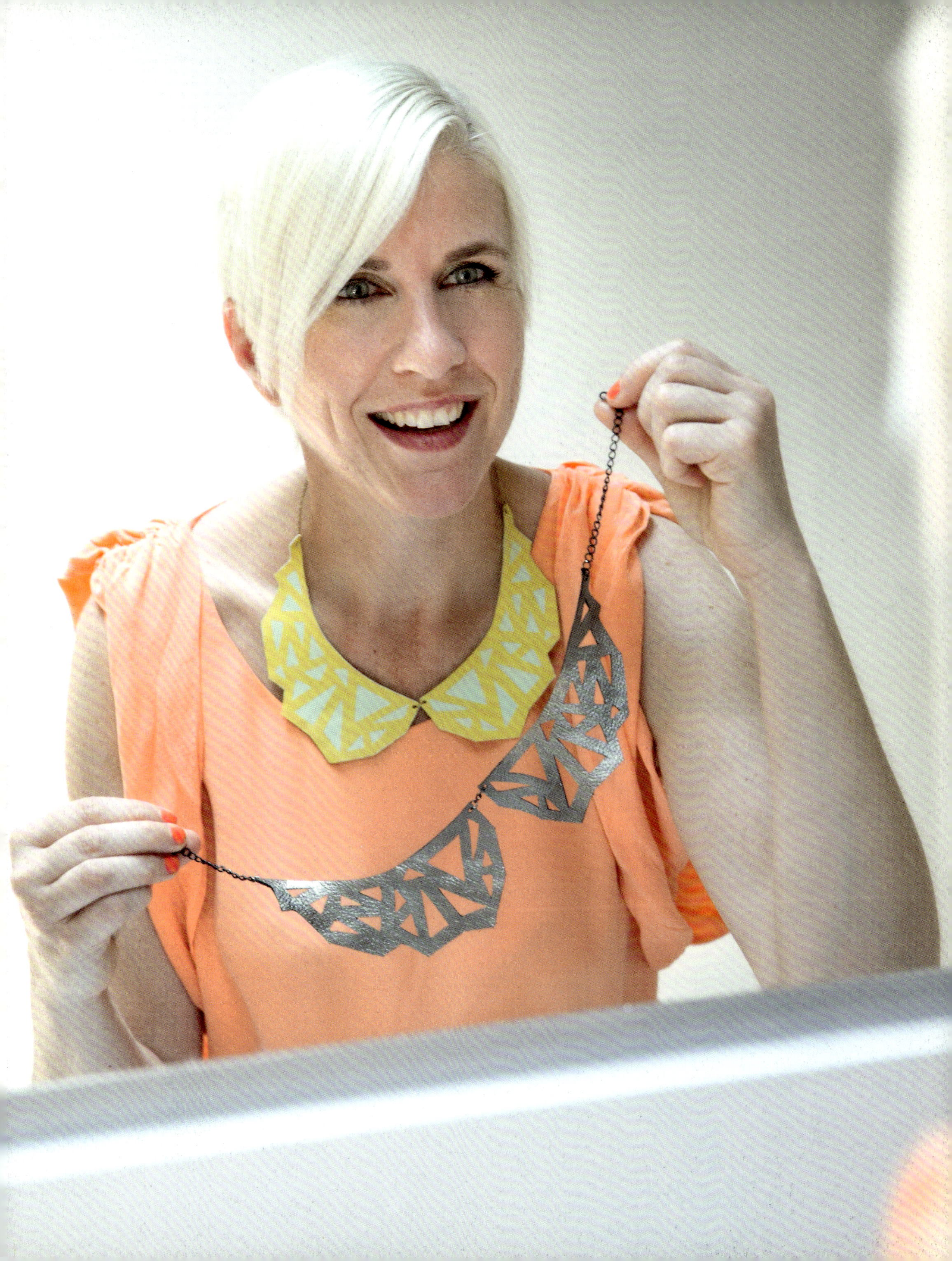

MAAK JE KRAAGJE

HOE MAAK JE HET?

1) Neem het basispatroon over uit dit boek. Teken de linkerhelft naast de rechterhelft op een blad tekenpapier en ontwerp zelf jouw ideale kraagje. Let op: je mag de halsuitsnijding wel groter, maar niet kleiner maken. Eventueel kun je de ketting van het kraagje achteraf nog wat langer maken.
Is het ontwerp voor je hoogstpersoonlijke, symmetrische kraagje klaar? Fijn! Snijd dan de ene helft uit stevig papier. Dat is het patroon voor de andere helft. Is jouw ontwerp niet symmetrisch? Dan snijd je natuurlijk wel de twee helften uit. Snijd het kraagje uit met een breekmes.
De ideale stof voor een kraagje is stevig en rafelt niet: denk aan een restje (skai)leder. Wil je liever iets dunners gebruiken (bv. geweven textiel), vermijd dan dat het gaat rafelen en vervormen door er aan de achterkant vlieseline tegen te strijken.
2) Voor het model met de groene driehoeken hield ik het patroontje op de goede kant van het leder op zijn plaats met spuitlijm. Daarna bespoot ik het geheel met groene acrylverf.
3) Voor het metallic kraagje tekende ik het patroon op de achterkant van het leder over. Met een scherp breekmes sneed ik alle driehoekjes voorzichtig uit.
4) Maak in ieder kraagdeel twee gaatjes met een gaatjestang (of hamer er een stevige spijker in op een stuk kurk of karton). Hang de kraagdelen aan elkaar met een ketting of een mooi lintje.

Maak je in: 30 minuten
Nodig: stevig papier, (skai)leder of geweven textiel en vlieseline, spuitlijm, evt. acrylverf (spuitbus), breekmes, gaatjestang of hamer en spijker, ketting of lint

PLANTEN IN BRIK

PLANTENHANGERS MET PIT

HOERA! Plantenhangers zijn terug van veel te lang weggeweest! Ga voor recycle chic met deze groene jongens. Ze hebben bijna hetzelfde patroon als de wandopbergers en zijn gemaakt van brikkarton. Gratis, handig en lekker licht om op te hangen.

Maak je in: 50 minuten
Nodig: lege uitgespoelde en opengesneden melkbrikken, breekmes, contactlijm of smalle dubbelzijdige tape, spuitbus verf, goud- en koperkleurig koord (bv. Hubo), schaar, plantjes

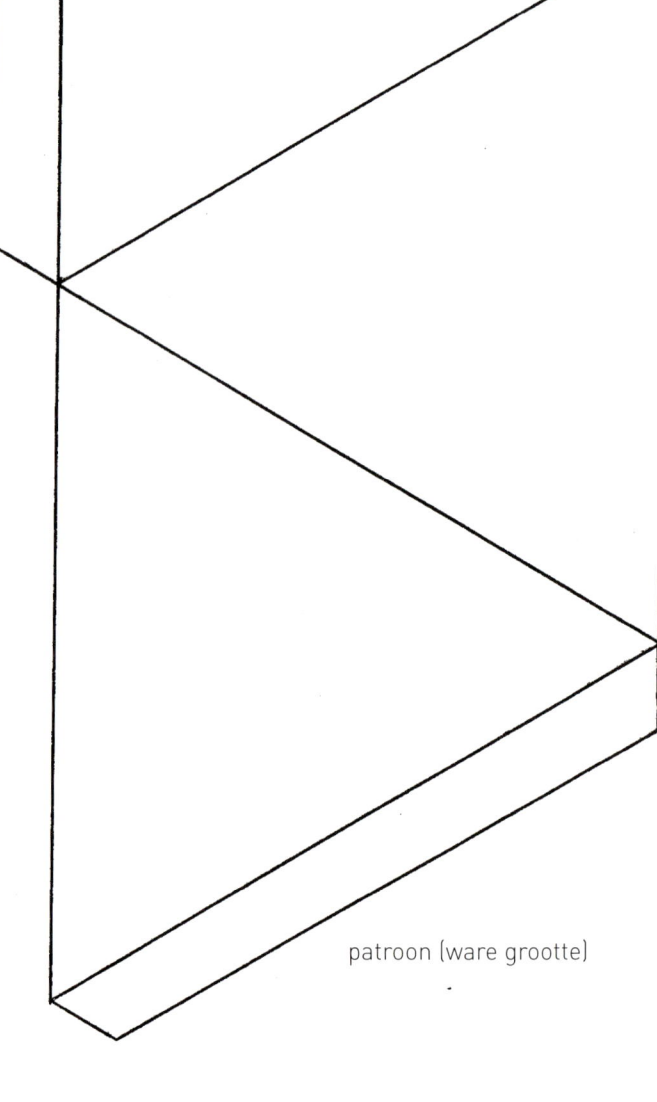

patroon (ware grootte)

grote plantenhanger

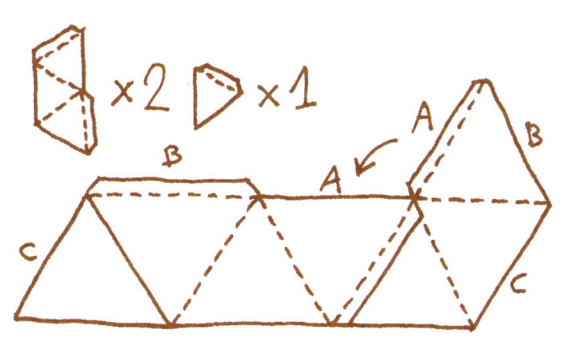

kleine plantenhanger

HOE MAAK JE HET?

De grote hanger is van bovenaf bekeken een vijfhoek. De kleine hanger is dan weer een vierhoek.

Teken het patroon van pagina 68 over op het melkbrik en snijd de driehoeken per drie (aan elkaar) uit. Dat gaat het gemakkelijkst met een breekmes. Vergeet niet dat de lijmflapjes aan het patroon moeten blijven zitten!

Monteer de planthouders volgens de schets en plak de lijmflapjes aan de binnenkant vast met contactlijm of smalle dubbelzijdige tape. Zorg ervoor dat de zilverkleurige kant van het brikkarton overal naar binnen zit. Spuit de buitenkant in een mooie kleur. Laat de eerste verflaag goed drogen voor je de tweede aanbrengt.

Knip vijf koorden van dezelfde lengte af. Ongeveer 1,5 meter volstaat. Bind ze in het midden samen in een knoop. Deze knoop komt onderaan de pot. Neem de knoop vast en laat de koorden naar onder vallen. Nu heb je tien koorden in het totaal. Neem telkens twee koorden en maak er een knoop in op 6 centimeter van de eerste dikke knoop. Hergroepeer de koppeltjes koorden en maak opnieuw vijf knopen met telkens twee koorden, 10 centimeter verder. Knoop de tien koorden op het uiteinde allemaal vast in een lus. Kies een licht plekje uit voor je plant en hang de pot op aan de lus. Bij synthetisch koord brand je best de uiteinden toe met een aansteker om te vermijden dat het koord gaat rafelen. (extra info: zie maakblog.be)

− 4 −

TRANSPARANT

'Nous ne voyons pas les choses telles qu'elles sont, nous les voyons telles que nous sommes'
Anaïs Nin

Transparante objecten hebben een mysterieuze aantrekkingskracht. De gelijkenis met water en ijs roept een gevoel op van puurheid. Maar transparantie is ook een teaser: je ziet er vormen door, maar je kunt ze niet aanraken. Bijkomend voordeel van transparant? Het laat zich als geen ander matchen met prints en kleuren. Ideaal voor **DE URBAN CHAMELEON.**

HOOFDSTUK 4

TRANSPARANTE

UPCYCLING IS PAS ÉCHT GESLAAGD wanneer het materiaal dat je gebruikt werkelijk gemaakt lijkt voor zijn nieuwe toepassing. Toen ik op zoek ging naar een ideale basis voor een transparante clutch, viste ik deze oude ringmap uit het rek. Toch kwam dat idee niet zomaar uit de lucht gevallen: Esther van der Weerden is de ontwerpster van het allereerste ringmaptasje dat ik zag. Deze beloftevolle madam bedacht het toffe tasje voor een schoolopdracht rond het thema 'hergebruik' . Tijdens de 'Invasie van Antwerpen' -een groots designerevent- trakteerde ik mezelf op een van haar kleurrijke vinyl-clutches. Ze maakt ze nog steeds en je kunt haar bereiken via https://www.facebook.com/pages/Ringmap-tasje-KLIK. Oh ja, en houd haar maar goed in de gaten, want ik geloof dat dit succesvolle wapenfeit nog lang niet haar laatste is....

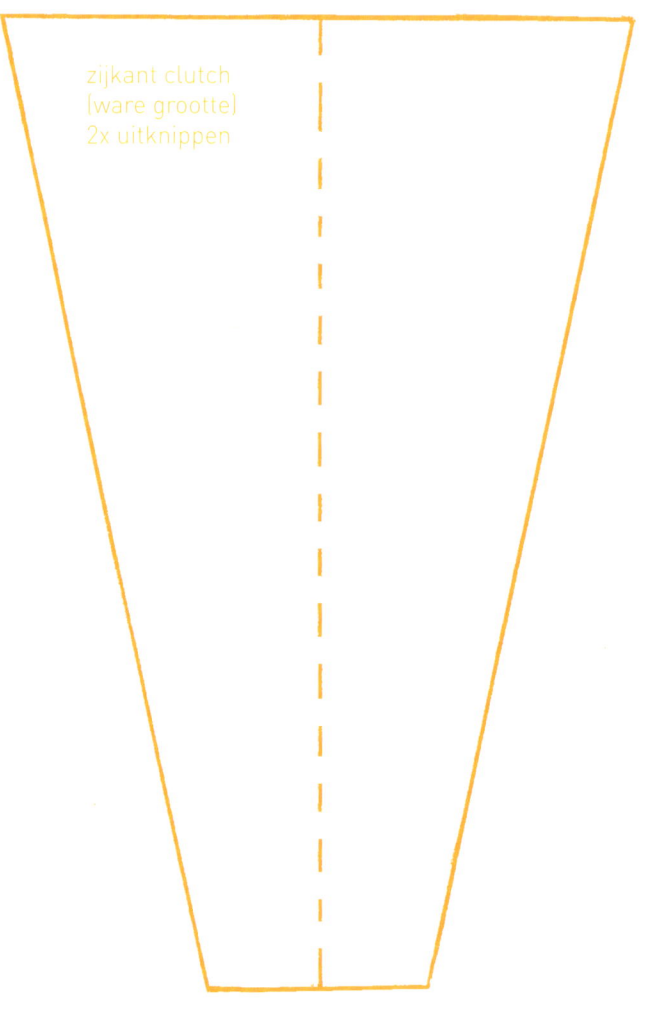

tasje 'KLIK' van Esther

zijkant clutch
(ware grootte)
2x uitknippen

RINGMAPTAS

TRASH + TALENT = TREASURES

HOE MAAK JE HET?

1) Verwijder de klem van de ringmap met de punt van je breekmes. Maak de gaatjes dicht door aan weerszijden een stukje tape te plakken.
2) Vouw de map open en snijd in een rechte lijn een stuk op twee derde van de voorflap af. Hamer de klem in het midden van die lijn vast met enkele jeansknopen.
3) Bevestig twee zeilringen aan de andere kant. Maak ze vast op de plek waar ze corresponderen met de klemhaken. Haak de klem in de zeilringen, duw het tasje in de juiste vorm en bepaal waar je de zeilringen wilt slaan voor de schouderketting.
4) Neem het patroon voor de zijkanten over uit dit boek en snijd het twee keer uit het afgesneden stuk plastic. Maak dan een oppervlakkige kras in het midden van beide stukjes en vouw ze dubbel. Plak een stuk tape over de vouwlijn. Zo voorkom je dat de vouw doorscheurt.
5) Bevestig de zijkanten met stevige, doorzichtige tape aan het tasje. Doe dit zowel aan de binnen- als aan de buitenkant.

Haal een ketting door de zeilringen bovenaan en sluit deze met een open gebogen schakeltje van de ketting (of een kleine sleutelring).

Maak je in: 25 minuten
Nodig: transparante ringmap, breekmes, tape, jeansknopen, hamer, zeilringen, stevige ketting (doe-het-zelfzaak).

TASJE EN

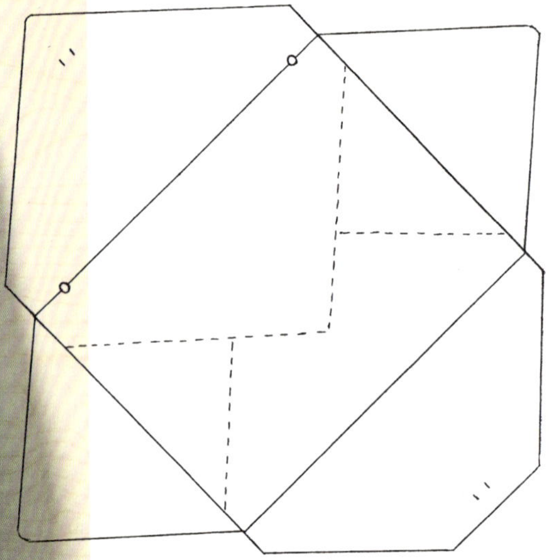

vekleind patroon (alle afmetingen vermenigvuldigen met 4)

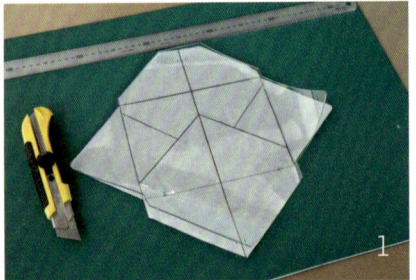

Deze dikke tafelbeschermer koop je per lopende meter in de grotere interieurwinkels. Vooral in de Turkse interieurwinkels van de centrumsteden worden ze standaard aangeboden. Het is een stevig, maar flexibel en vooral goedkoop materiaal.

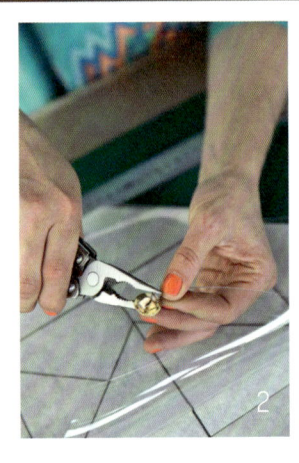

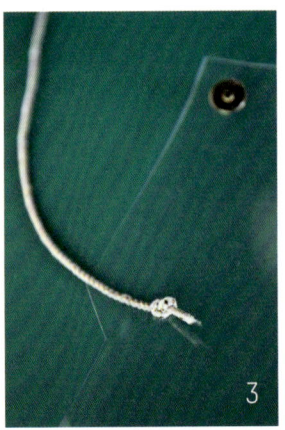

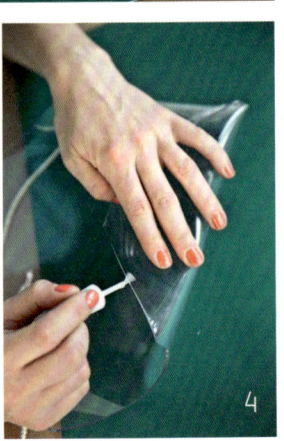

RIEM VAN TAFELBESCHERMER

EEN VAN MIJN FAVORIETE DESIGNERBAGS? De lederen 'Heure Exquise Bag' van Delvaux. Hm, die klassieke enveloppe-look... I love it! Jammer genoeg denkt mijn bankrekening daar anders over. Maar daar laat ik me niet door tegenhouden. Want geef toe, wat is er leuker dan met een zelf ontworpen tasje over straat te flaneren?

DE TAS

HOE MAAK JE HET?

1) Teken een enveloppevorm in het midden van een groot stuk dun papier. Vouw de zijkanten van het blad naar binnen, met de vouw telkens op de contourlijnen van jouw ontwerp. Teken zo de enveloppepunten over op het dichtgevouwen papier. Duid meteen aan waar de sluiting en het koord moeten komen. Leg het patroon dan onder het plastic en snijd de contouren uit met een breekmes.

2) Maak kleine sneetjes waar het klemflapje en de magneet moeten komen. Bevestig de magneet met een tangetje.

3) Op de plaats waar het koord doorheen moet, hamer je twee gaatjes door het plastic. Gebruik hiervoor eventueel het snijdende deel van een setje zeilringen of jeansknopen.

4) Lijm de enveloperanden over elkaar met secondelijm (of gewone transparante lijm voor zacht plastic) – en klaar!

Maak je in: 30 minuten
Nodig: papier, potlood, transparant plastic (tafelbeschermer), breekmes, 1 magneet, tang, hamer, koord, (seconde)lijm

DE RIEM

tip!

Ik knipte het pinnetje van een oude gesp af en haalde de riem gewoon aan weerskanten door de gesp. Omdat de plastic delen zich aan elkaar vastzuigen en de gesp niet te groot is, blijft alles netjes op de juiste plaats zitten.

HOE MAAK JE HET?

Meet de hoogte van de scharnieren. Snijd een reep plastic af met deze breedte en net zo lang als jouw tailleomtrek plus 10 centimeter.

Bepaal waar de sierscharnieren moeten komen en snijd het plastic op die plaats door. Plak vervolgens beide stukken aan weerszijden van een scharnier.

Een leuke variant: plak met spuitlijm enkele foto's of stukken uit een oud stripverhaal vast aan de binnenkant van de plastic strook. Kleef vervolgens een tweede laag plastic aan de binnenkant voor een duurzamer resultaat.

Maak je in: 10 minuten
Nodig: transparant plastic (tafelbeschermer), breekmes, mooie scharnieren, (seconde)lijm, een gesp (evt. van oude riem) of vernietbare drukknopen (bv. Veritas)

Danio
Vitalinea
Carrefour
NEW
GRATIS ICE STICKS
Voordeel Pack
fromage frais
verse kaas
alpro

ZONNIG REGENJASJE VOOR DE URBAN BRICOLEUR

EEN PONCHO waarin je lijkt op een wandelende tent of een supersportief geval boordevol ritsen en koordjes? Euh... nee, dankjewel! Hoeveel wolken er ook in onze Belgische lucht hangen, daarin zul je mij niet gemakkelijk betrappen. Dit stijlvolle regenjasje ziet er ingewikkeld uit, maar... (tromgeroffel)... er komt geen naaimachine aan te pas!

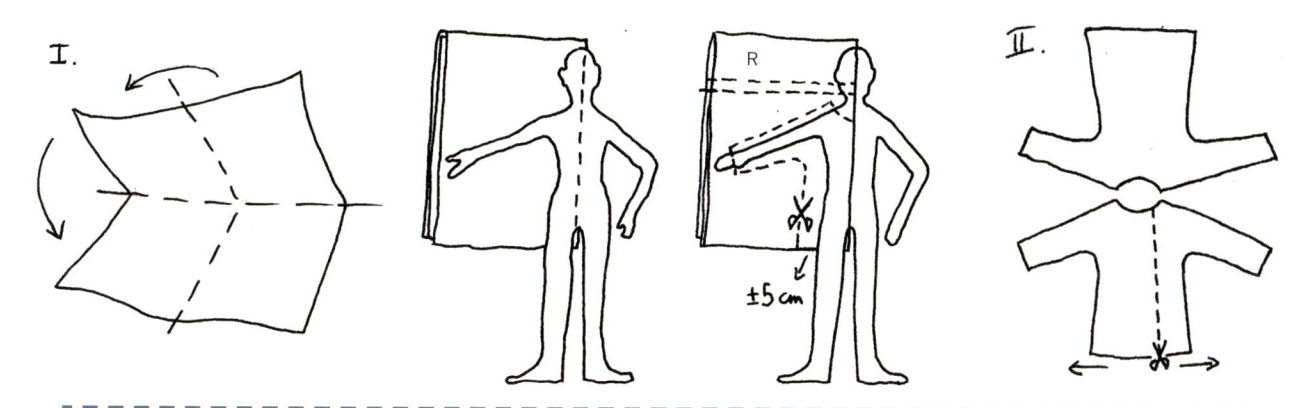

HOE MAAK JE HET?

1) Vouw het tafel-pvc in vieren en leg het op de grond. Ga half op het plastic liggen, met de vouwlijn in het midden van je rug. Zorg ervoor dat de bovenkant van je hoofd gelijk ligt met de bovenkant van het plastic. Leg nu je arm in een hoek van 45°. (Ben je alleen? Gebruik dan een van je (ruime) truien als pasvorm.) Vraag aan een vriend(in) om je omtrek uit te knippen met een schaar, op vier vingers afstand van jouw lichaam. Stop op tijd aan de nek. Knip de nek rond bij, als de ronding van een platliggend T-shirt. Aan de mouwen knip je het plastic loodrecht af.

2) Vouw de twee lagen open en houd de eerste apart. Dit is de rug van de jas. Maak nu de sluiting van de jas. Knip op ca. 8 centimeter naast het midden, van zoom tot halsuitsnijding. Aan de minst brede kant komt nu een strook van 16 centimeter (R), die je over hebt van het plastic waar je hoofd op lag. Knip daaruit meteen ook een strook van 6 centimeter breed voor de riem.

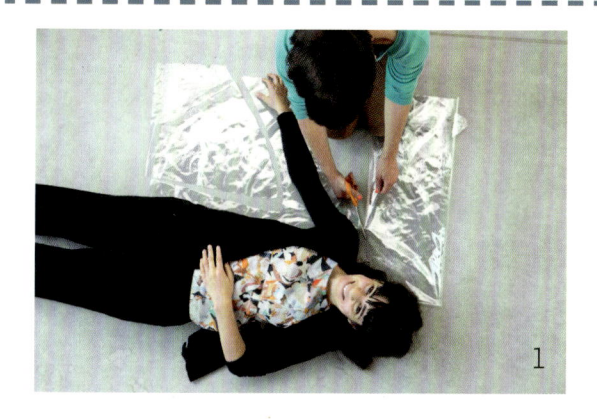

3) Leg alle onderdelen plat op de grond zonder dat ze elkaar overlappen.
4) Plak de twee schoudernaden met isolatietape aan elkaar. Plak ook de strook van 16 centimeter (R) aan de smalste zijde van de voorkant van de jas met isolatietape vast.
5) Draai het geheel om en geef nu ook de binnenkant van de naden een strook tape. Op deze manier zijn de naden oersterk aan elkaar gelast en wordt je jasje helemaal waterdicht.
Doe hetzelfde met de ondermouw- en zijnaden, en werk de polsen en de halsuitsnijding ook af met tape.
Plak eventueel tape vanuit de oksels naar de halsuitsnijding ter verfraaiing. Mag het iets meer zijn? Laat je gerust helemaal gaan: zakken, epauletten, marinestrepen, knoopsgaten... Om je regenjas helemaal af te maken, kun je een kappatroon (bv. van een hoodie) overtekenen, uit het plastic knippen en aan je jas plakken.
Voor het ombre-effect draai je de jas binnenstebuiten. Ontvet de onderkant van de jas met een vod met ontsmettingsalcohol. Hang hem vervolgens aan een kapstok of over een paspop.
Spuit een zachte nevel lakverf uit een spuitbus. Werk hierbij van onder naar boven. Let op! Deze laag is gevoelig en hoewel ze aan de binnenkant zit, is het mogelijk dat de verflaag na een tijdje krassen krijgt.

Maak je in: 18 minuten
Nodig: 2 meter transparante tafel-pvc, een grote trui, schaar, isolatietape voor elektriciteitsdraden en kabels (Hubo), spuitbus met synthetische verf

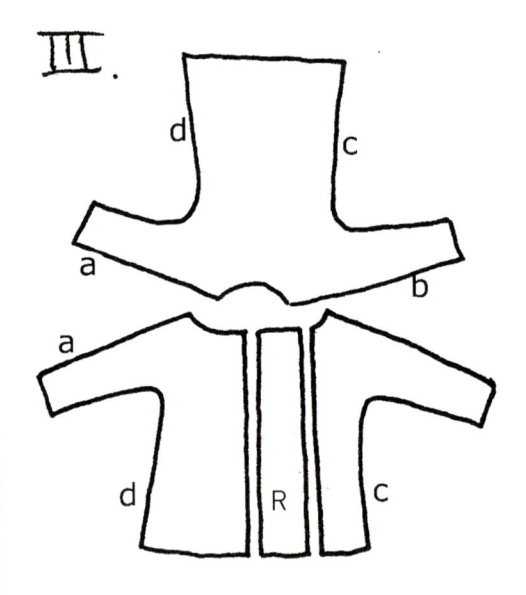

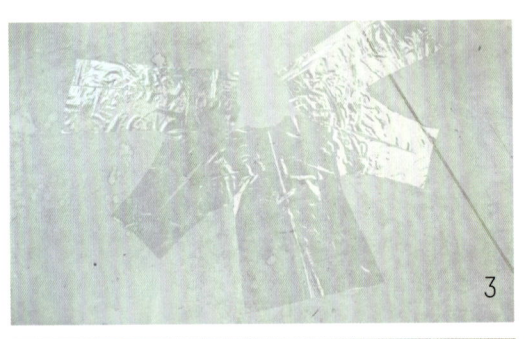

#maakblog #welkomopmaakblog #dymoloving

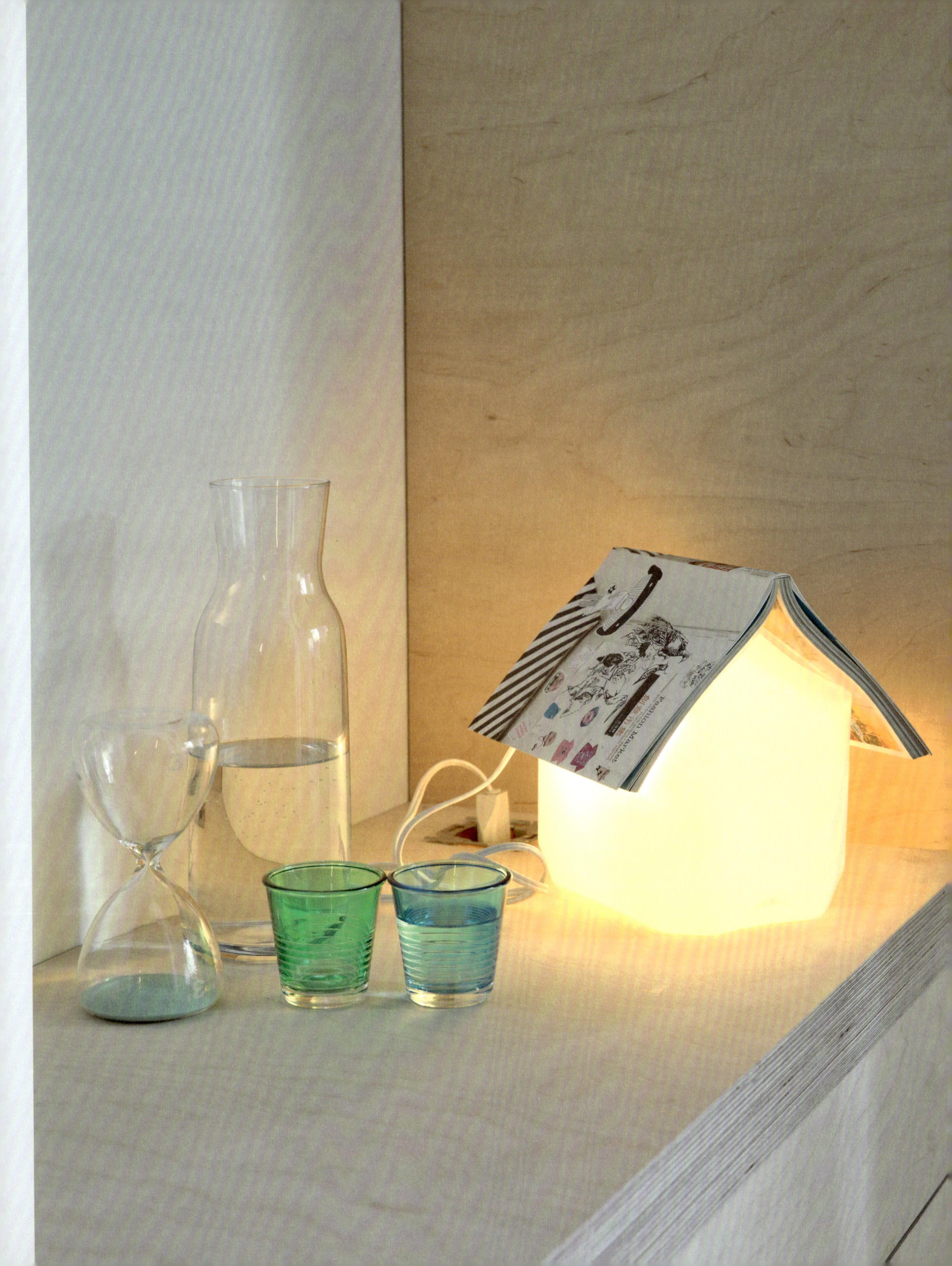

NACHTLAMPJE

ONTWERPER LEE SANG GIN TEKENDE voor de Engelse productenlijn SuckUK* een huisvormige lamp in melkglas voor naast je bed. Bovenop kun je een boek laten rusten. Zo vind je de volgende avond meteen de juiste pagina. Voor 75 euro prijkt dit lampje op jouw nachtkastje. Daarvoor heeft het eerst – zoals zoveel producten – de halve wereld afgereisd. Toen ik in een tijdschrift een handleiding zag om een afgedankte waterbidon om te toveren tot een hippe brooddoos, gaf dat een kleine vonk in mijn hoofd en voilà... dit waterbidonnachtlampje mag er ook zijn, al zeg ik het zelf.

HOE MAAK JE HET?

1) Maak de bidon schoon en droog, haal alle labels eraf en gebruik een potlood om de rand van de bovenkant op de bidon te markeren. Teken de lijn niet op de knik (tussen de zijkanten en de bovenkant), maar er net boven. De bovenste 10 centimeter van de twee brede zijkanten van de bidon zullen het dak worden. 10 centimeter onder de vier bovenhoeken van de bidon markeer je het begin van het dak. Dit is ook het begin van het puntige deel van de voor- en achtergevel, die op de smalle zijden van de bidon komen. Teken de voor- en achtergevel. Let erop dat de schuine zijden van de voor- en achtergevel niet langer zijn dan 10 centimeter. Zo vermijd je dat de zijkanten hoger komen dan de gevels.
2) Volg de lijn met een scherp breekmes en verwijder het bovenste deel van de bidon.
3) Markeer de opening voor de lampfitting middenin de zijkant van de bidon met behulp van de ring die op de fitting zit en snijd voorzichtig uit.
4) Monteer een elektrisch snoer met stekker aan de fitting en duw de fitting door het gat in de bidon. Schroef de fittingring over de fitting en draai er een lampje in.
5) en 6) Plak kleine stukjes zelfklevende klittenband aan weerszijden van de daknok. Zo kun je een kapotte lamp later gemakkelijk vervangen.

Maak je in: 20 minuten
Nodig: lege bidon (van een niet-chemisch product, bv. van zeep of gedistilleerd water), meetlat, pen, breekmes, fitting, kabel en lamp, rondjes zelfklevend klittenband (bv. Veritas)

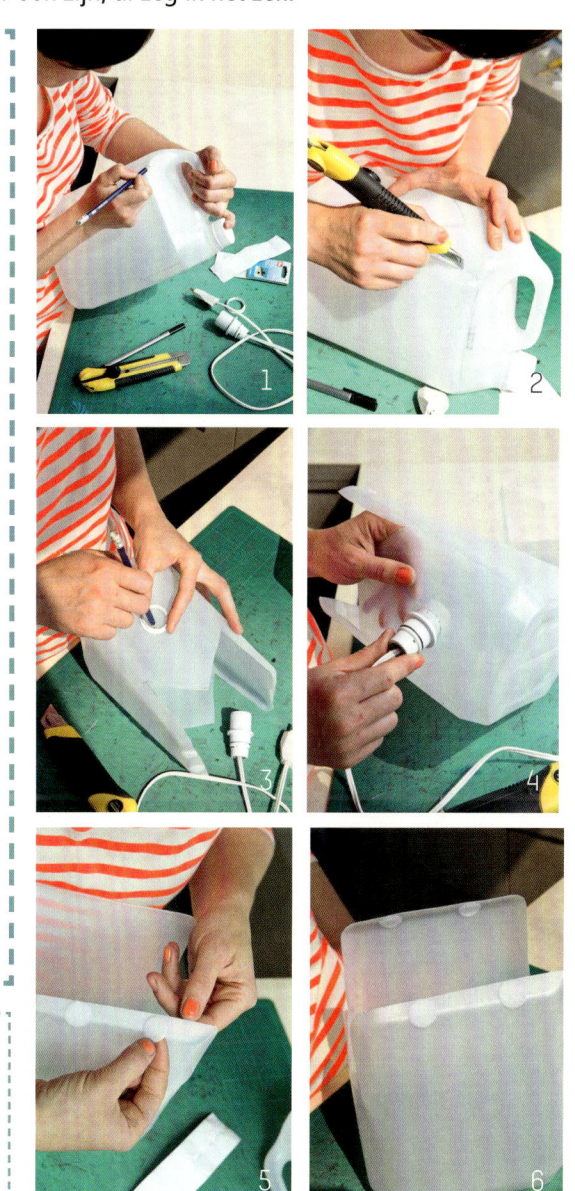

*Op de website www.suck.uk.com vind je supertoffe producten met één belangrijke gemeenschappelijke deler: een flinke dosis humor.

NECK CANDY

INSPIREREND MATERIAAL OM JUWELEN TE MAKEN, vind je niet alleen in parelwinkels. Telkens als ik in een doe-het-zelfzaak binnenwip en voorbij het rek van de tuinslangen loop, wil ik altijd van alles met tuinslang bedenken. De kleurtjes, het glimmende plastic...
Een beetje verderop, bij de kettingen, bekruipt mij hetzelfde gevoel.
Je kunt alles op maat afknippen (en kopen) en voor dit juweel heb je maar heel weinig nodig.

HOE MAAK JE HET?
1) Snijd met een breekmes 'parels' uit stukken transparante en gekleurde tuinslang.
2) Geef (een deel van) de transparante parels met een fijn penseel een fris kleurtje (aan de binnenkant!). Gebruik daarvoor acrylverf, want die droogt snel en blijft goed zitten.
3) Rijg de parels samen met enkele messingkleurige moeren over een stukje ketting en sluit de ketting met een open gebogen kettingschakel of met een kleine sleutelring.

Maak je in: 15 minuten
Nodig: stukjes transparante en gekleurde tuinslang, breekmes, fijn penseel, acrylverf, ketting, messingkleurige moeren, evt. kleine sleutelring

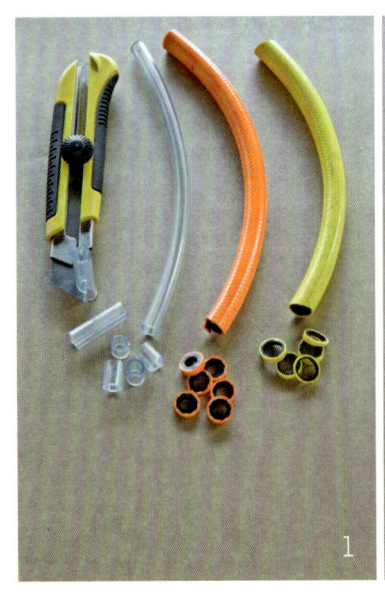

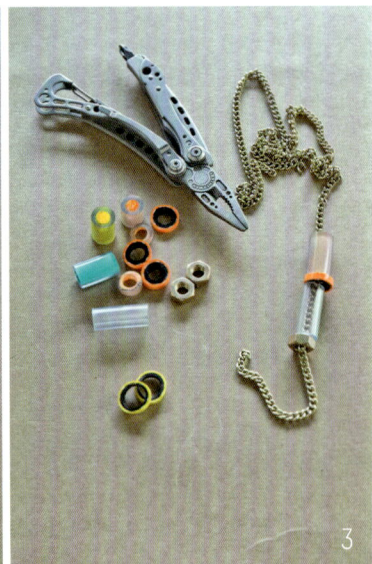

'Life is a luminous halo,
a semi-transparent envelope
which surrounds us from
the beginning of consciousness
to the end'
uit Woolf's essay *Modern Fiction* (1924)

GHENT STREET STYLE

Pieter kreeg de smaak te pakken en blijft creëren. Neem eens een kijkje op www.repiet.weebly.com en doe Re-Piet mijn groeten.

FRIENDS DO IT

PIETER MAST

RAAMVAASJE

In jongerencentrum KAVKA in Antwerpen begeleidde ik een tijdje geleden een leuke workshop. De naam? 'Remake it'. De uitdaging? Maak iets uit twee oude materialen en één nieuw materiaal. Pieter, industrieel ingenieur en energiedeskundige, was een van de enthousiaste deelnemers.

Hij bedacht dit poëtische raamvaasje en ik vind het meer dan geslaagd! De lepel – met wat lijkt op een balancerend glaspeertje erin – hangt middenin een glasraam dankzij een krachtige magneet aan de buitenkant. Het is net alsof de glazen lamp ieder moment van de lepel op de grond kan rollen, maar dat lijkt alleen maar zo. Onder het laagje aarde zit immers een tweede, kleiner magneetje om het vaasje op zijn plaats te houden in de lepel. Het is prachtig om de wortels van het plantje tegen het glas te zien groeien.

HOE MAAK JE HET?

Breek het zwarte deel in de schroefdraadfitting van de lamp af met het tangetje. Haal vervolgens ook de binnenkant helemaal leeg.
Vijl indien nodig de rand nog een beetje bij.
Plooi de lepel en hang hem op zijn plaats met een krachtige magneet. Als je aan de lepel ook een magneet bevestigt, kun je het vaasje aan een metalen of glazen oppervlak ophangen. Pieter deed wat aarde in het vaasje en liet een bloemzaadje kiemen. Het glas is net een microserre.

tip!

De magneet werkt niet door dubbel glas, maar wel bij spiegels en kaderglas. Als je de magneet aan de lepel zelf bevestigt, kun je het vaasje tegen een metalen wand ophangen.

Maak je in: 20 minuten
Nodig: kleine tang, oude halogeen- of gloeilamp, aarde, bloemzaadjes, evt. vijl, lepel, krachtige magneet (gebruik liefst een magneet met een rubberen bescherming, die vind je in een magnetenwinkel, bv. Roosjen, Tunnelplaats 1, 2000 Antwerpen)

− 5 −

Intergalactische prints lijken de drager te transporteren vanuit een andere wereld. Een beetje donker en ruig, behoorlijk psychedelisch en even spannend als sciencefiction: ook deze winter laten we ons inspireren door wat in de sterren geschreven staat... **IT'S TIME FOR SOME INTERGALACTIC LOVING!**

GALACTIC ANARCHIC

'A certain darkness is needed to see the stars.'

(auteur onbekend)

HOOFDSTUK 5

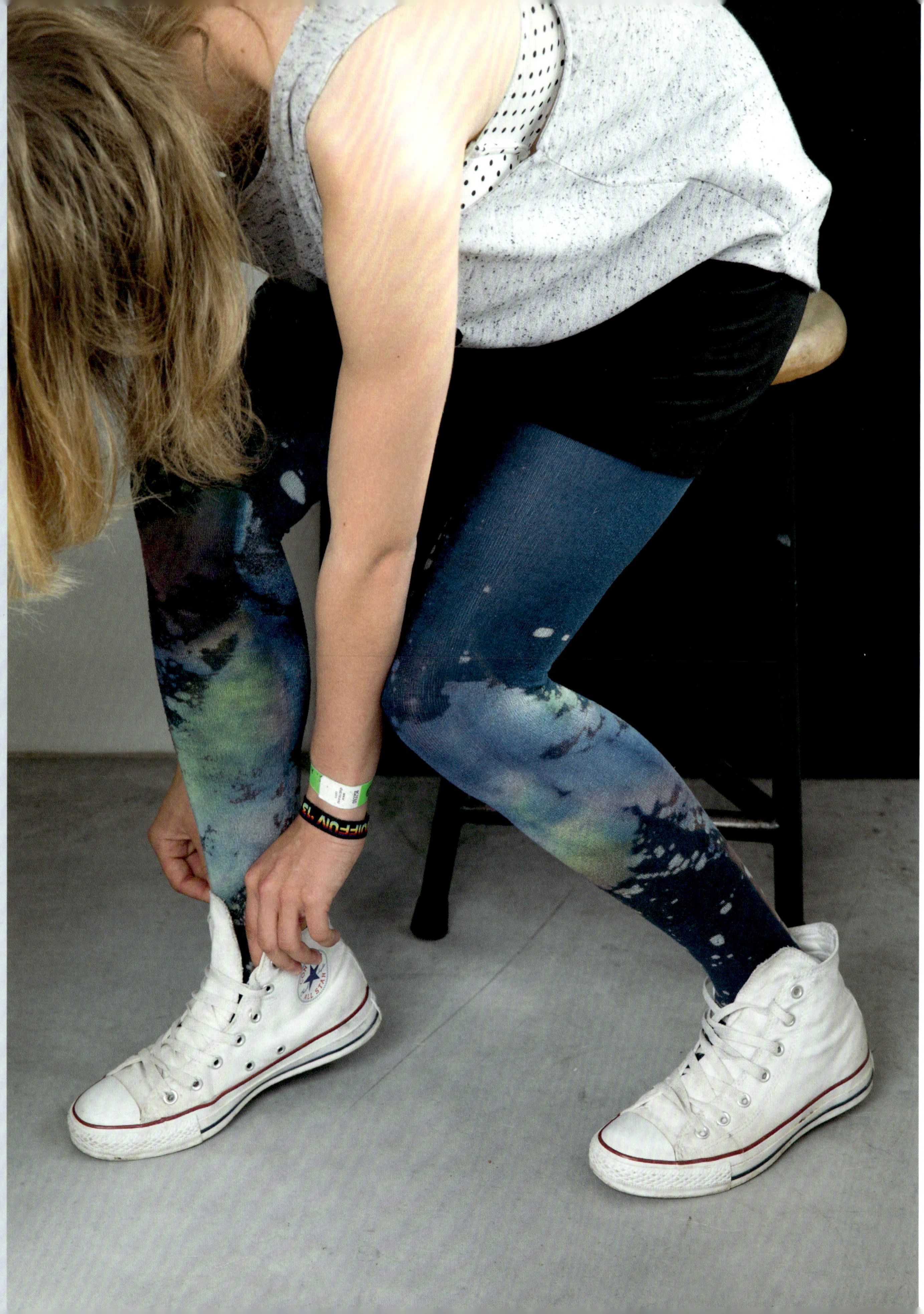

MELKWEG PANTY'S

HOE MAAK JE HET?

Om deze kousen plaatselijk te kunnen kleuren, moet je ze eerst plaatselijk bleken. Gebruik de kartonnen benen die je voor de bestempelde panty's maakte (zie p. 40), maar wikkel ze eerst in plasticfolie voor je de panty over de stukken karton trekt. Dit beschermt het karton tegen het water.

Meng een deel bleekwater met een deel water in een waterverstuiver en spuit een melkweg aan bleekwater over de voor- en achterkant van de panty. Laat alles een uur inwerken.

Spat vervolgens textielverf in verschillende kleuren op de gebleekte delen. Dit doe je best met een grove verfborstel.

Tot slot moet je de verf nog even fixeren: laat de kousen drogen en leg ze dan (zonder kartonnen benen!) een kwartier in de oven op de laagste stand.

Maak je in: 15 minuten + inwerken en drogen
Nodig: donkerkleurige panty's (liefst met een natuurlijke vezel in verwerkt, zoals katoen, wol of viscose), plasticfolie, bleekwater, water, plantenverstuiver, verfborstel, textielverf, kartonnen benen (zie BEENGOED p.40)

SPACE T-SHIRT

Voor dit T-shirt gebruik je precies dezelfde materialen en techniek als bij de melkwegpanty's. Het enige verschil is dat je hier eerst twee driehoeken afplakt met tape. Na het verfspatten teken je eventueel nog enkele kruisjes op de stof met witte acrylverf.

Om de verf te fixeren, strijk je het shirt gewoon op katoenstand.

Wel even opletten! Maak niet dezelfde fout als ik. Want als je goed kijkt, zie je immers dat de rand van de driehoeken niet overal even scherp is. Dat komt omdat ik mijn verstuiver te dicht bij de stof hield. Zo is de vloeistof gaan 'bloeden' en liep de verf achter de tape door... Of dacht je dat er bij mij nooit iets mis gaat?

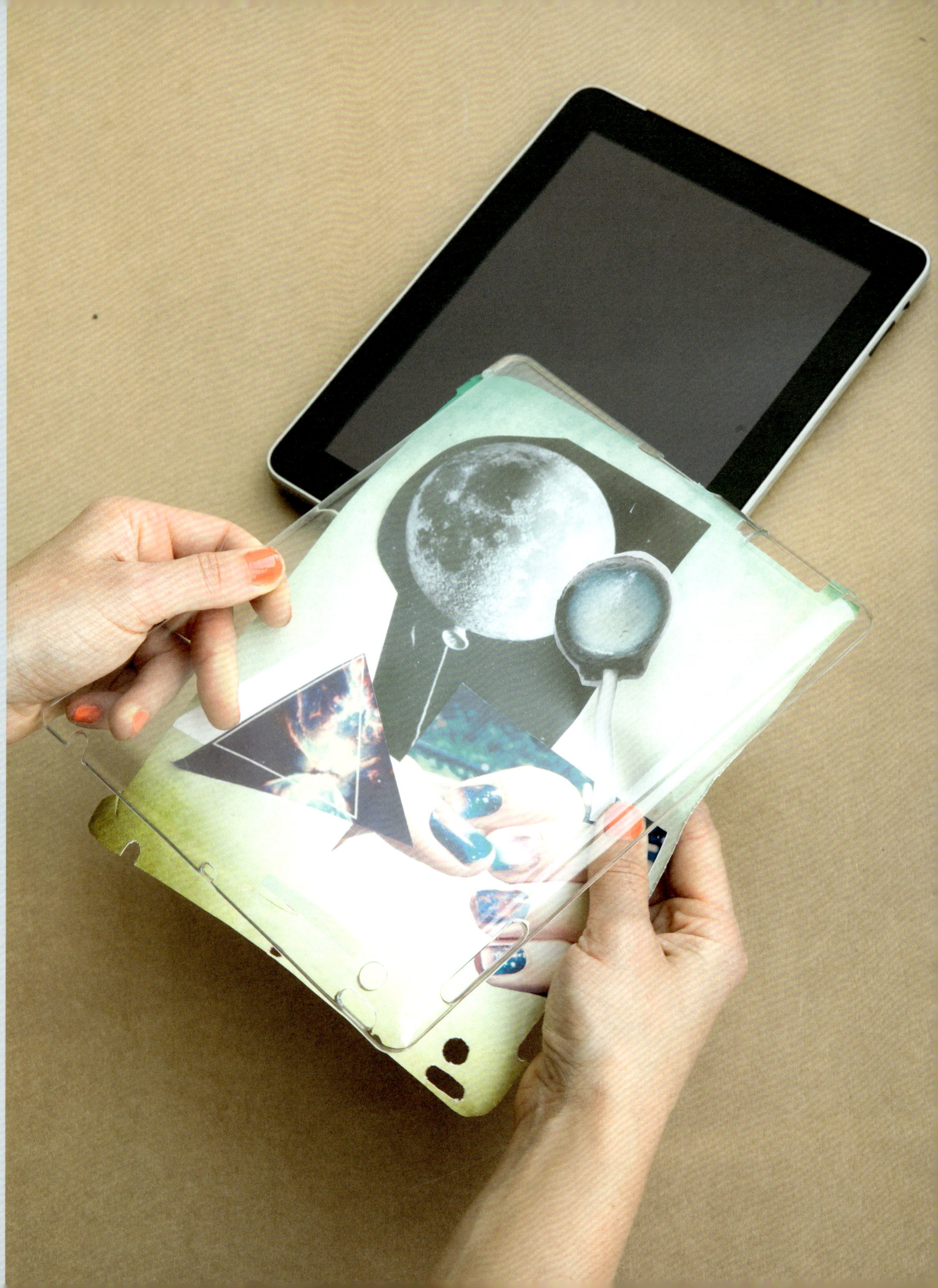

GEPERSONALISEERDE TABLETHOES

ER BESTAAN TALLOZE SITES met covers om je tablet of smartphone te pimpen. Maar ik verander nog sneller van cover dan van onderbroek (bij wijze van spreken, natuurlijk ;-)), dus om mijn bankrekening te sparen, maak ik ze liever zelf.

HOE MAAK JE HET?

Het toverwoord voor een heleboel hoesjes-in-één? Transparantie! Koop één transparante cover en je kunt hem tot in het oneindige personaliseren.

1) Print een foto, maak een tekening of stel een collage van magazinefoto's samen op dun papier.

2) Snijd het papier op maat en schuif het in de transparante hoes. Denk er wel aan dat je ook alle eventuele gaatjes moet uitsnijden. Hiervoor gebruik je best een scherp breekmesje.

Maak je in: 15 minuten + inwerken en drogen
Nodig: transparante hoes voor tablet of smartphone, dun (tijdschriften)papier, printer, breekmes

PSYCHEDELISCHE

HOE MAAK JE HET?

1) en 2) Neem een kader, of maak het zelf door vier latten aan elkaar te sjorren met tape. Let erop dat het kader ongeveer even groot is als de sjaal.

3) en 4) Bescherm je vloer tegen verfvlekken met het grote stuk plastic. Leg daarop het kader en span de gestreken sjaal met punaises erop vast. Begin met opspannen door de vier hoeken vast te prikken. Vervolgens prik je telkens een punaise in het midden tussen twee hoeken, dan weer in het midden van het midden enzovoort.

De sjaal moet zo strak gespannen zijn dat hij de vloer nergens raakt.

5) en 6) Schilder grote vlakken verf met een dik penseel op de droge sjaal. Wil je lichtere kleuren en meer kleurverloop? Bevochtig de sjaal dan eerst met een plantenspuit. Begin met de lichte kleuren en omring ze met donkere tinten. Je zult zien dat twee tinten verf zich vanzelf mengen.

7) en 8) Wanneer je klaar bent met schilderen, strooi je wat zoutkorrels uit over de stof. Ik mengde drie soorten zoutkorrels (grove en fijnere en hele fijne korrels). Zo krijg je een gevarieerd resultaat.

9) Het zout zuigt de kleurstof langzaam naar zich toe en dit zorgt voor het speciale sterrenhemel-effect. Wanneer de sjaal helemaal droog is, haal je hem van het spanraam af. Strijk hem ruim 10 minuten met het stoomstrijkijzer om de kleurstof te fixeren.

De sjaal is wasbaar, maar doe hem zeker bij de delicate was. Gebruik geen agressief wasmiddel of beter nog: was hem even met de hand.

Maak je in: 3 minuten
Nodig: houten kader (of 4 latjes en stevige tape), groot stuk plastic om de vloer te beschermen, witte zijden sjaal (bv. Lucas Creativ of De Banier), punaises, dik penseel, textielverf voor op zijde, evt. plantenspuit met water, zout

ZIJDEN SJAAL

IK ♥ SJAALS! Alleen als het echt té warm is, laat ik hem thuis, maar anders vind je er altijd eentje rond mijn hals. Voor minder dan 10 euro maak je jouw eigen ontwerp op zuivere zijde! Voordeel van deze verftechniek? Je kunt het zelfs met je ogen dicht, zo gemakkelijk is het...

ELFI DE BRUYN

GALAXY NAILS

Verzorgde handen zijn evengoed een visitekaartje als een verzorgd gelaat, en vrolijke Elfi is een echte naildiva! Je kent haar misschien al van haar blog 'Glam at heart', waar je haar beste nailtutorials kunt bekijken. Haar nagelontwerpen zijn soms heuse miniatuurtjes. Als de lak op de juiste manier wordt aangebracht, kun je er meerdere dagen plezier van hebben. Dankzij haar tips & tricks leer je om met enkele potjes lak oneindig veel verschillende looks te creëren. Zij is pas handig!

www.apetown.org

HOE MAAK JE HET?

Geef de nagels een base coat om ze te beschermen en zodat je de laklaag er later gemakkelijker weer af kunt halen.

Voor galaxy nails ga je voor iedere nagel op dezelfde manier te werk: bedek eerst de hele nagel met een donkere tint, zoals donkerblauw of antraciet. Scheur dan een stukje afwassspons af en gebruik dat om met een paarse kleur de MELKWEG na te bootsen. Stempel het sponsje voorzichtig in het midden van iedere nagel. Breng nog enkele 'planeten' aan: met behulp van een tandenprikker maak je enkele roze, zilveren en blauwe stipjes. Ten slotte werk je je kunstwerk af met witte 'sterren'. Zet zowel stipjes als kruisjes met een in witte nagellak gedoopte tandenstoker. Werk af met een laagje top coat ter bescherming.

Maak je in: 12 minuten + droogtijd
Nodig: base coat, verschillende kleuren nagellak, stukje spons, tandenstoker, top coat

tip!
van Caroline

Heb je niet zoveel kleurtjes nagellak? Neem dan een bokaaldekseltje en druppel er enkele druppels transparante nagellak op. Gebruik een scherp mesje om een beetje gekleurd oogschaduwpoeder of zelfs waterverfpoeder los te krabben en meng dit met de transparante lak. Om al je nagels gelijkmatig te lakken is deze zelfgemaakte mix niet goed genoeg, maar voor enkele details volstaat het wel.

INTERNAGELLACTISCHE MAKE-OVER

HOEWEL HET ER ERG SPACY UITZIET, is 'marmeren' in feite een eeuwenoude techniek. Papier, ballonnen, … je kunt van alles en nog wat pimpen met een gemarmerd effect. Dit gsm-hoesje had dringend een make-over nodig en met een paar potjes nagellak in felle kleuren was dat klusje zo geklaard.

HOE MAAK JE HET?

1) Maak het hoesje grondig proper en droog, en ontvet het met ontsmettingsalcohol.
2) Draai alle dopjes van de potjes nagellak alvast open om zo weinig mogelijk tijd te verliezen.
3) Giet een beetje koud water in een wegwerpbakje. Het komt erop aan snel te kunnen werken, dus beslis op voorhand welke kleuren je wilt gebruiken en in welke volgorde.
4) en 5) Druppel de nagellak voorzichtig op het wateroppervlak. Let erop dat de lak zich uitspreidt en niet samenklit. Druppel de tweede kleur in het midden van de vorige en ga zo verder.
De nagellak drijft nu als een flinterdun vlies op het wateroppervlak.
6) Haal nu met vloeiende bewegingen een wattenstaafje door de nagellak. Zo creëer je het marmereffect. Opgelet: als de nagellak volledig aan het stokje blijft hangen, is de lak al gedroogd en begin je best opnieuw.
7) Leg het gsm-hoesje op het wateroppervlak. Ga met het stokje rond het hoesje om het overschot aan nagellak te verwijderen. Haal het hoesje uit het water en laat het drogen.
Je kunt natuurlijk een heleboel dingen marmeren – zelfs je nagels! In plaats van het gsm-hoesje dip je dan al jouw vingernagels tegelijk in de drijvende nagellak. Verwijder het teveel aan nagellak op je nagelranden met een in nagellakremover gedoopt wattenstaafje.

Maak je in: 3 minuten
Nodig: koud water, wegwerpbakje (waar het gsm-hoesje in past), nagellak in verschillende kleuren, stokje, gsm-hoesje, nagellakremover, wattenstaafjes

tip!
Als de temperatuur in de kamer te hoog is, droogt de nagellak op het wateroppervlak te snel op. Bewaar de potjes daarom enkele uren op voorhand in de koelkast en gebruik gekoeld water. Als oude nagellak te dik is (geworden) en niet mooi meer open vloeit, giet je enkele druppels nagellakremover in het flesje.

– 6 –

GLITTER
Laat niemand jou tegenhouden om te schitteren

Wat hebben Kerstmis, disco en meisjes van 8 jaar gemeen? Hun bodemloze honger naar alles wat schittert en glittert! Maar glitter hoeft geen goedkope kitsch te zijn: denk maar aan hoe het licht van de ondergaande zon op het watervlak van de zee uiteenspat of hoe fascinerend diamanten zijn. Mogen jouw feestdagen een feest van lichtjes en vrolijkheid zijn?

LET'S GET CRAFTY UNTILL WE SWEAT GLITTER!

HOOFDSTUK 6

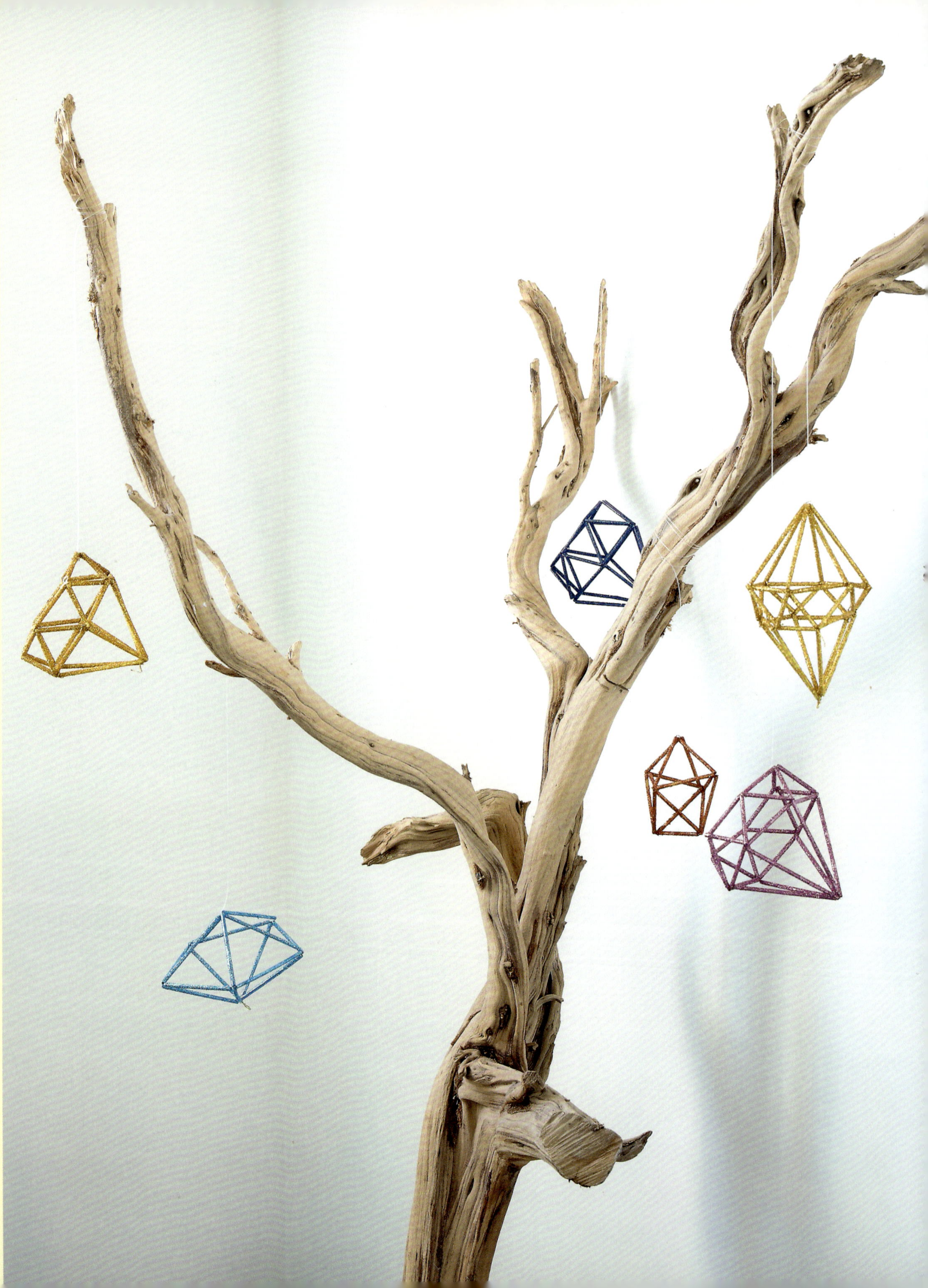

DIAMONDS IN THE SKY

IN COLOMBIA, POLEN, FINLAND en nog zoveel meer landen gebruikt men al generaties lang natuurriet om tijdens de feestdagen het huis te versieren. Hoewel deze diamantvormige mobiele constructies erg modern lijken, heb ik me geïnspireerd op de traditionele Finse 'himmeli'. Heb je geen natuurriet bij de hand? Ga dan, net als ik, aan de slag met drankrietjes. Een superleuk knutselwerkje om samen met wat vrienden en kinderen te doen. En vergeet de dampend hete chocolademelk niet!

HOE MAAK JE HET?

Knip de rietjes met een schaar op de juiste lengte. Voor een figuur als twee spiegelende piramides knip je twaalf rietjes van 8 centimeter. Rijg vier rietjes aan een stuk fijne ijzerdraad. Maak er een lus van door de ijzerdraad aan het uiteinde vast te maken.
Rijg er nog twee rietjes bij.
Draai de draad opnieuw vast aan het begin en rijg de laatste twee rietjes aan de constructie.
Maak opnieuw vast. Je hebt nu vier keer twee aan elkaar hangende rietjes, en alle uiteinden zitten boven- of onderaan aan elkaar vast.

Haal de draad door een rietje en rijg er een rietje aan.
Maak de draad vast tussen twee andere rietjes en rijg er opnieuw een rietje tussen. Ga zo voort tot de figuur af is. Je kunt eindeloos veel vormen verzinnen!
Tevreden over je figuren? Geef ze dan een laagje spuitlijm. Giet daarna de glitters in een zakje, stop de ingelijmde vormen erbij en... schudden maar! Hang de figuur op met fijn garen of vissersdraad.

Maak je in: 10 minuten
Nodig: drinkrietjes, schaar, dunne ijzerdraad op een bobijn, spuitlijm, glitters, plastic zakje, fijn garen of visdraad

GLITTER MAKE-OVER

KLAKKELOOS VOLGEN WAT ER IN DE MODEBOEKJES STAAT en jouw hele kleerkast ieder seizoen vernieuwen? Nee, hoor! De weinige lievelingsbasics die ik heb, gaan al jaren mee. Wat zou er verkeerd zijn aan nieuwe items combineren met vertrouwde basics? Deze trui bijvoorbeeld, is lang genoeg om als jurk te dragen en is heerlijk zacht. Daar kun je toch geen afscheid van nemen omdat de ellebogen versleten zijn? Het enige wat je nodig heb om jouw favoriete trui op te lappen: een verloren uurtje voor de televisie en een afgedankt glitterbloesje.

HOE MAAK JE HET?

Kies een ondoorzichtige stof uit om je oude trui op lappen. Een glitterstofje geeft elk kledingstuk meteen een funky make-over. Ik had gelukkig nog een oud bloesje met kleine glitters. Dat naait een stuk gemakkelijker dan grote pailletten. Als het gaatje niet op een elleboog zit, maak dan de keuze om het gewoon zo goed mogelijk te stoppen of om er een glitterdetail op te naaien.

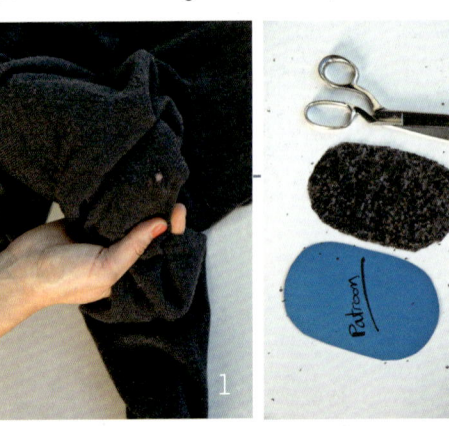

1) Neem het patroon uit dit boek over of teken zelf een vorm die je leuk vindt. Een tip voor beginners: houd het simpel! Knip het patroon tweemaal uit.
2) Vouw rondom een halve centimeter stof naar binnen om en speld vast.
3) Je kunt de lapjes nu al op de trui spelden en vastnaaien, maar ik maak het mezelf gemakkelijk en ik rijg de omgevouwen stofrand eerst (dit doe je gewoon door een naald met draad met grote steken door de omgevouwen rand van het glitterlapje te halen). Wanneer je de lapjes aan de trui hebt vastgenaaid, trek je deze rijgdraad er weer uit.

tip!

Ellebooglapjes zijn leuk, maar je kunt nog meer doen om een oud kledingstuk te redden. Een vlek camoufleren? Naai er een strikvormig stukje stof over. Zin in een super flashy make-over? Ga voor schouderstukken! Met een beetje fantasie kom je een heel eind...

Maak je in: 60 minuten
Nodig: afgedankt glitter-T-shirt of -bloesje, schaar, papier, pen, spelden, naald en draad

elleboog lapje (ware grootte)

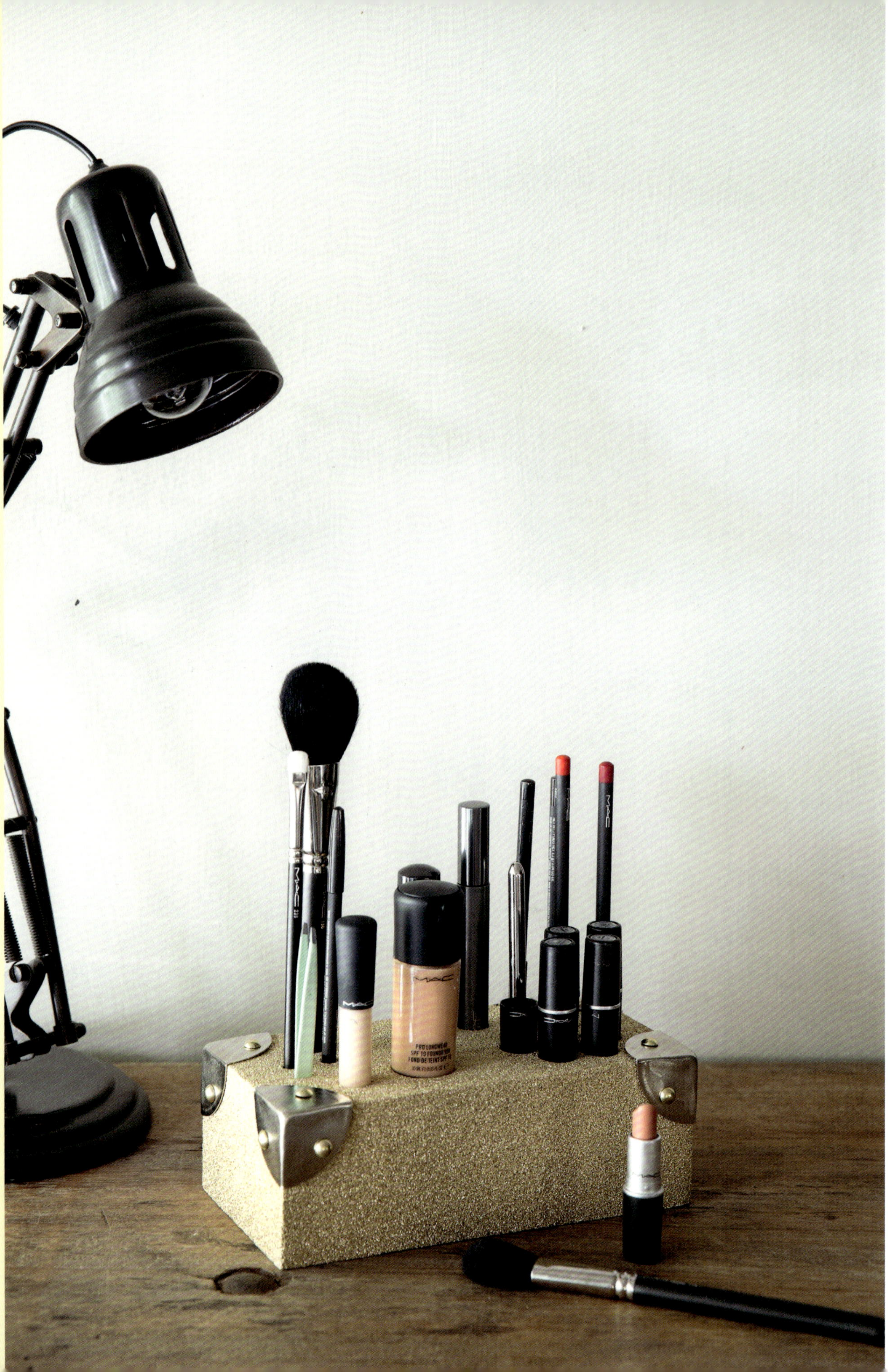
MAC
PRO LONGWEAR

MAKE-UP HOUDER

IN DE WINKEL LONKEN LIPPENSTIFTEN en doosjes oogschaduw naar je als snoepjes in de snoepwinkel. Maar eenmaal thuis volgt... de rommelschuif. Zonde! Sinds ik televisiewerk doe en fantastisch advies kreeg van de make-upartiesten van MAC, besloot ik een mooie en handige make-uphouder te bedenken. Zo lijkt het thuis net alsof ik elke dag iets leuks mag uitkiezen in de winkel!

HOE MAAK JE HET?

Mijn perfecte make-uphouder moest er luxueus uitzien, maar niet te groot zijn en tegen een stootje kunnen, want hij is bedoeld voor dagelijks gebruik. Ik experimenteerde met allerlei materialen: piepschuim, isolatieschuim, groen steekschuim en nog veel meer. Uiteindelijk bleek enkel het grijze steekschuim *fit for the job*.
1) Duw al je favoriete make-upspullen een voor een in de oasis. Houd de producten zo verticaal mogelijk om te vermijden dat ze schuin komen te staan. Ben je van plan om je collectie binnenkort uit te breiden? Maak er dan alvast enkele extra gaatjes bij.
Haal alle make-upspullen er weer uit en leg de oasis op een stuk papier of plastic om je tafelblad of vloer te beschermen. Geef het schuim meerdere lagen acryllak uit een spuitbus. Laat tussen twee lagen telkens goed drogen en zorg ervoor dat alle zijden mooi bedekt zijn met verf, ook de onderkant! Wanneer het schuim droog is, zul je merken dat je het niet meer zo gemakkelijk kunt indrukken.
Om het blok de look te geven van een professionele make-upkoffer, prikte ik vier valieshoeken vast op de hoeken met enkele stoffeerdersspijkers. Dit mooie detail zorgt voor extra bescherming en het staat nog chic ook!

Maak je in: 5 minuten
Nodig: 1 blok steekschuim (Oasis) voor droogbloemen (grijs, vind je bij Walter Van Gastel), jouw favoriete make-up, een spuitbus goudlak op waterbasis (synthetische lak kan het schuim aanvreten!), valieshoeken stoffeerdersspijkers (Houtshop.be<http://Houtshop.be> in Temse)

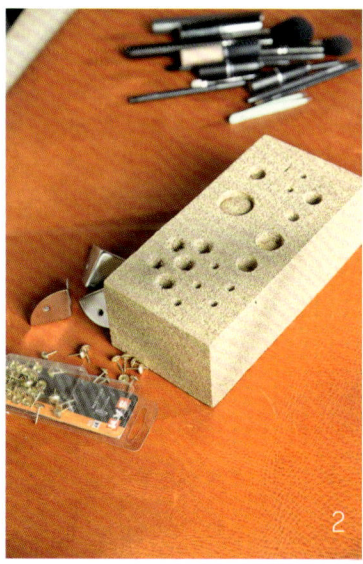

EEN ZELFGEMAAKT GESCHENK is het allermooiste wat je iemand kunt geven. Of wacht even... een zelfgemaakt geschenk in een op maat gemaakt doosje is nog veel beter! Dit is zo leuk aan iets dat zelfgemaakt is: je geeft niet alleen een heel persoonlijk geschenk, maar je 'besmet' de gelukkige ook nog eens met de goesting om zelf ook die moeite voor een ander te doen. Wedden dat je voor dit chique doosje nu al alles in huis hebt?

HOE MAAK JE HET?

Voor een grote geschenkdoos heb je twee brikken nodig.

1) Spoel ze uit en snijd ze bovenaan, onderaan en langs de lijmlijn open met een breekmes. Was ze daarna nog eens goed af met een beetje zeep.

2) Neem het patroon uit dit boek over en snijd een doosje en een deksel uit. Het deksel is uiteraard iets groter dan het doosje, zodat het mooi over het doosje past. Maak met het breekmes een ondiepe kras op alle vouwlijnen, langs de bedrukte kant van het pak. Vouw de lijnen om met de zilveren binnenkant van het drankkarton naar buiten. Verstop de kleine zijflapjes onder de lange flapjes en lijm alles vast met een druppeltje lijm of dubbelzijdige tape.

3) en 4) Geef het doosje een persoonlijke toets en borduur de voorletter van de naam van de gelukkige op het dekseltje. Teken de initiaal met kruisjes op een ruitjesblad en leg het blad op het deksel. Prik met de naald gaatjes op de uiteinden van alle kruisjes en neem het ruitjespapier weg.

Nu kun je er de letter met kruisjessteek op borduren met dikke draad, en hoef je niet bang te zijn voor fout geprikte gaatjes. Verstop ten slotte de draden aan de binnenkant van het doosje door er een stukje karton tegen te plakken.

5) Om het effect van een echt juwelendoosje te krijgen, snijd je een vierkant met vier gelijke flapjes uit. Zorg ervoor dat het vierkant net iets kleiner is dan de bodem van het doosje. De dikte van de flapjes bepaalt hoe hoog deze 'valse bodem' komt. Om het helemaal echt te laten lijken, maak je voor een ring een gleuf in die bodem en voor oorbellen twee gaatjes.

Maak je in: 15 minuten
Nodig: 2 schone lege brikverpakkingen (van melk), breekmes, lijm of dubbelzijdige tape, een vel ruitjespapier, pen, grote naald, dikke draad of wol, stukje karton of melkbrik.

GESCHENKDOOSJES À LA MINUTE

buitenkant doosje (ware grootte)

binnenkant doosje (ware grootte)

– 7 –
FLEURS DE RUSSIE

Een donker boudoir in de jaren twintig, rokerig en met Aziatische invloeden, dat is wat ik me voorstel bij Fleurs de Russie. Een warm slaapkamerthema met vlinders en bloemen, maar daarom niet minder pittig. Vrouwelijk, sensueel en romantisch, met een etnisch, duister en mysterieus sausje erover.

Vlinders (ware grootte)

HOOFDSTUK 7

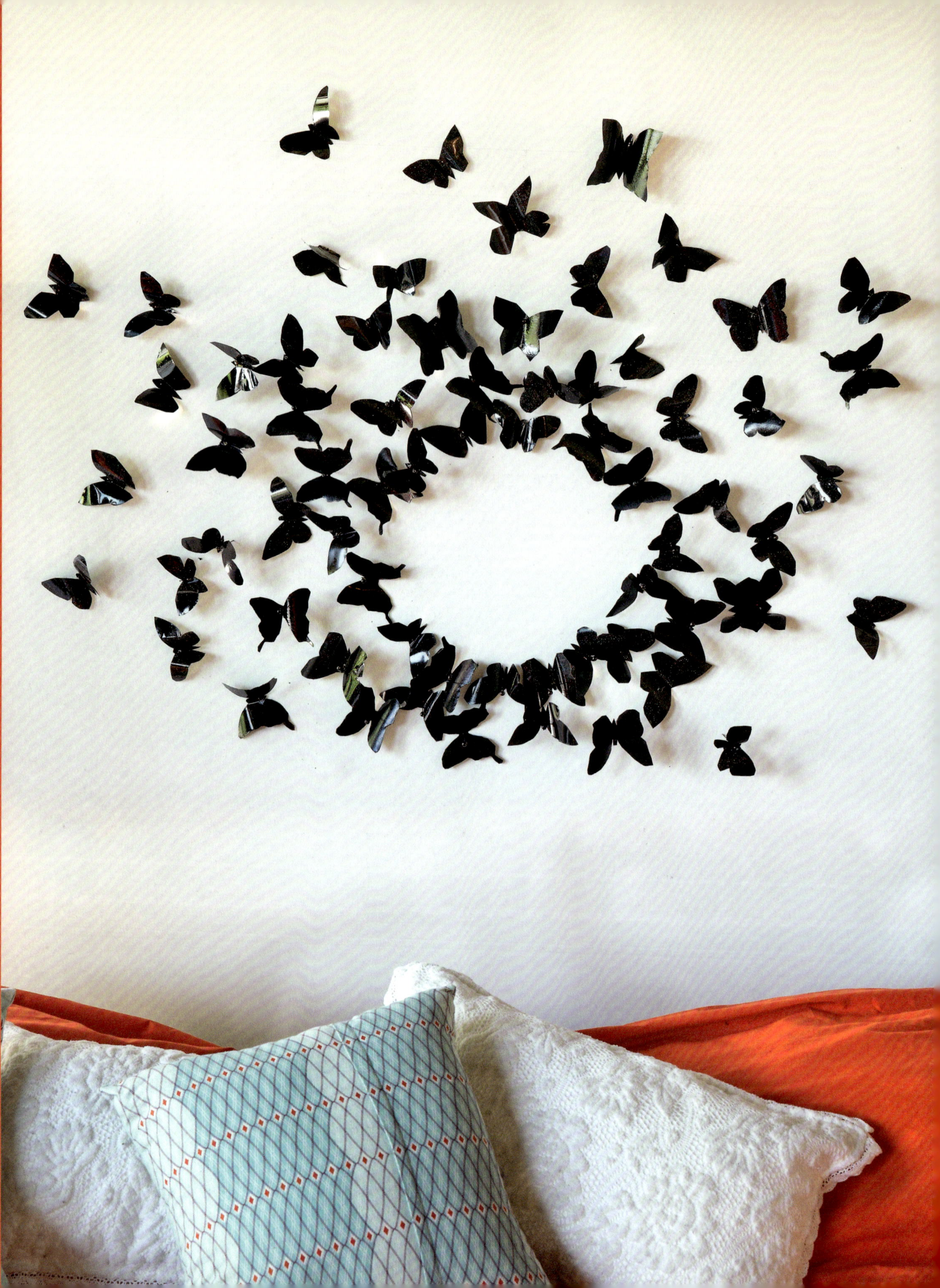

VLINDERWAND

JE KENT ZE VAST WEL, die kleine blikken souvenirs uit verre landen. Autootjes, asbakken enzovoort. Het zijn de kunstwerkjes van slimme knutselaars, want blik heeft drie voordelen: je vindt het overal, het is stevig en toch verrassend gemakkelijk te bewerken.

Ook westerse kunstenaars zien er geen graten meer in om met blik te werken en dat is goed nieuws – zeker voor fans van de tv-serie Gossip Girl. Want de populaire vlinderinstallatie van kunstenaar Paul Villinski zie je voortaan niet enkel op je scherm, je maakt er gewoon zelf één, voor bij je thuis!

HOE MAAK JE HET?

1) Teken de vlindervormen van pagina 108 over op papier en knip ze uit. Dit is je patroon.
2) Draag handschoenen. Snijd de bodem en de bovenkant van elk blik af met het breekmes.
3) Knip het middelste deel open met de schaar.
4) Leg het patroon op een blikje en knip de vlinder uit langs de rand.
5) Vouw de vleugels een beetje naar elkaar toe, met het lijfje in het midden. Prik een speld door het lijfje van iedere vlinder en geef de vleugels een iets afgeronde vorm.

Om de vlinders gemakkelijk zwart te kunnen spuiten, prik je ze eerst in een stuk karton.

Prik een papieren cirkel op de muur. Deze zal je helpen als leidraad om de vlinders vast te maken op de muur. Prik de vlinders rond de cirkel, alsof ze er van wegvliegen. Begin aan de rand en werk zo naar buiten toe. Het leukste effect krijg je met grote en kleine vlinders die door elkaar 'fladderen'. Als alle vlinders vastzitten, mag de papieren cirkel er weer af.

tip!
Vraag je je af hoe je zo'n wand onderhoudt? Gewoon voorzichtig afstoffen met een plumeau!

Maak je in: heel veel minuten en dode uurtjes televisie
Nodig: tientallen drankblikjes (uitgespoeld en gedroogd), handschoenen (dun maar sterk genoeg om je handen te beschermen tegen snijwonden), breekmes, schaar, stevig papier, pen, kopspelden (bv. van Rayher), spuitbus verf, transportdooskarton, visdraad

KANTEN MAND

IK KAN HET NIET: die ouderwetse, handgehaakte lapjes zomaar weggooien. Iets waar iemand zo veel werk en liefde in gehaakt heeft, respectloos in de vuilbak mikken? No way! Maar ze in mijn salon leggen? Ook no way! Daarom vind ik deze handige mandjes de perfecte oplossing…

HOE MAAK JE HET?

1) Leg het lapje in het bakje en doe er een scheut acrylverf bij, in een kleur naar keuze. Meng met een lepel tot de stof een egale kleur heeft. De acrylverf maakt het lapje – na het drogen – al een beetje hard, maar nog niet hard genoeg om als mandje te dienen. Daarom doe je er best nog een scheut acrylmedium bij.
2) Blaas een ballon op.
3) Wring het lapje zachtjes uit. Zet de ballon rechtop in een potje en leg daarover het lapje. Laat minstens 24 uur drogen op kamertemperatuur en prik dan de ballon lek.

Maak je in: 10 minuten + droogtijd
Nodig: gehaakt lapje (gewassen), acrylverf, lepel of kwast, wegwerpbakje, acrylmedium of textielverharder, ballon

tip!

Heb je geen acrylmedium of wil je het lapje slechts tijdelijk verharden? Maak dan een papje van enkele eetlepels bloem of stijfselpoeder (bv. van Remy) en lauw water en giet dit bij 2 glazen kokend water. Voeg nog een eetlepel poedersuiker toe en wacht tot het papje een beetje afgekoeld is, voor je het kanten lapje er in dompelt. Kleur de lapjes dan op voorhand met textielverf of zelfs met voedingskleurstof en water in plaats van met acrylverf.

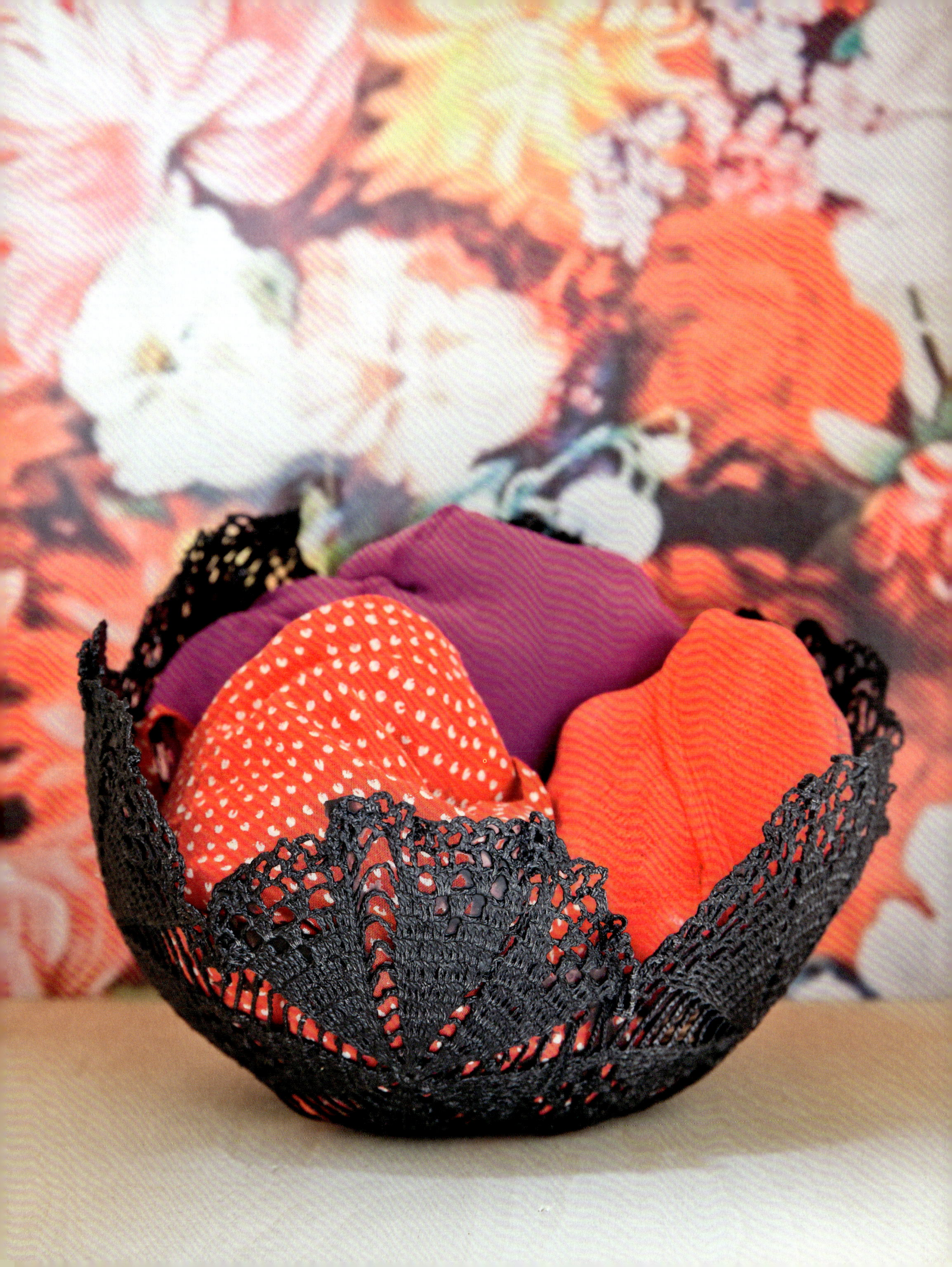

THEMASLINGER

JE KENT ZE WEL: die kleine, goedkope boekjes die vol foto's staan over één bepaald thema. Je koopt of krijgt ze, ze slingeren een tijdje rond op je koffietafel of toilet om vervolgens in een hoekje achterin de boekenkast te verdwijnen. Doodzonde... Waarom maak je er geen sfeervolle slinger van? Het ideale excuus voor een themafeestje.

HOE MAAK JE HET?

1) Voor deze slinger kies je best beelden uit een boek met pagina-grote foto's en weinig tekst.
2) Snijd de bladzijden los met een breekmes.
3) Plak aan één zijde van het lint dubbelzijdige tape. Zorg ervoor dat de tape niet breder is dan het lint. Leg vervolgens de bovenste rand van de afbeeldingen op de onderste helft van het lint.
4) Vouw de tape om naar de voorkant van de afbeeldingen. Denk eraan om aan beide uiteinden van de slinger een stuk lint over te laten, zodat je hem gemakkelijk kunt ophangen.

Maak je in: 3 minuten
Nodig: boeken met mooie foto's, breekmes, dubbelzijdige tape, lint

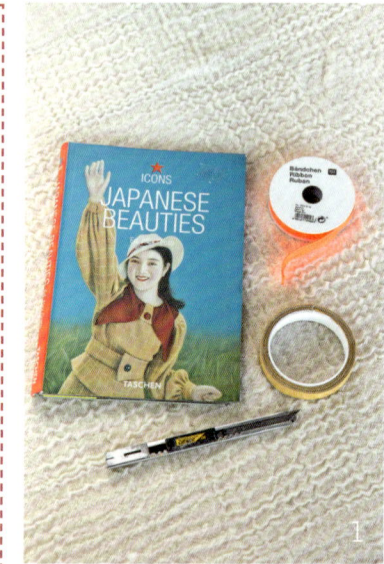

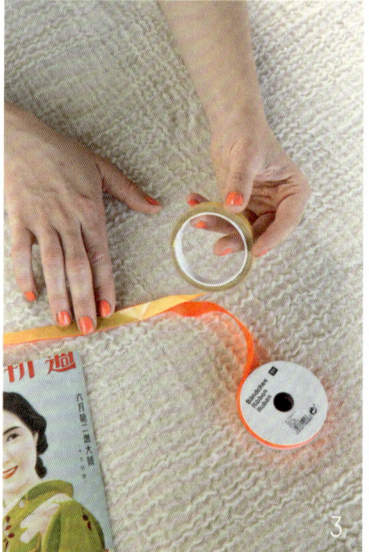

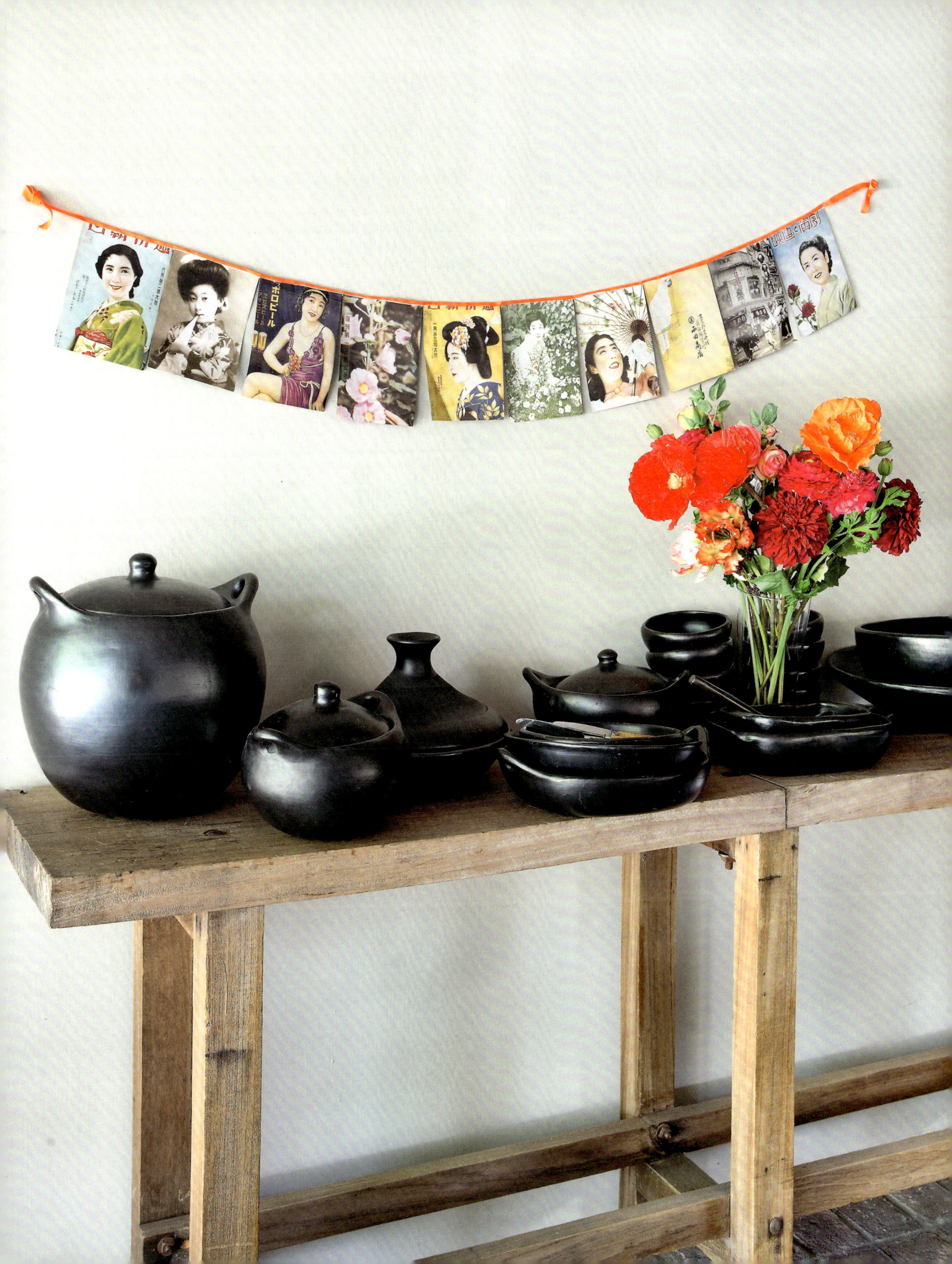

Goodnight my deer,

As I'm saying good night at the end of the day, you are not here but miles away.
When distance tends to keep us apart, remember I still hold you near in my heart.
So: Sleep on me!
RIGHT NOW

xxx

ZEEFDRUKKEN AAN DE KEUKENTAFEL

IK HEB AL VERTELD dat ik dol ben op originele en vooral tastbare post (zie Ballon met een boodschap, p.12). Dus hier is een brief... op een kussensloop!

Maak je in: 20 minuten
Nodig: stof (min. 1x gewassen), afbeelding, enkele vellen printpapier, breekmes, stuk vitrage (glasgordijn), borduurring, acrylverf, stevig plastic kaartje (bv. oude bankkaart), strijkijzer, permanente marker, meetlat

HOE MAAK JE HET?

1) Teken of print de afbeelding die je wilt zeefdrukken, op normaal printpapier. Onthoud dat je maar één kleur per keer drukt. Wil je een veelkleurige print, maak dan het deel van de tekening dat een andere kleur heeft, op een apart blad papier. Een blad per kleur dus. Voor beginners is het handig om de techniek eerst onder de knie te krijgen met één kleur. Maak een tekening die niet breder is dan het plastic kaartje dat je straks gebruikt om de verf te trekken. Zorg er ook voor dat je tekening ruim in de borduurring past. Snijd alleen de onderdelen van de tekening die je in inkt wilt hebben, weg met een scherp breekmes. Snijd uit een viertal papiervellen tegelijk. Zo heb je meteen enkele reserveontwerpen.

2) Leg alle overgebleven onderdelen van de tekening (de delen die je niet met inkt wilt overbrengen) in de juiste positie op een stuk krant. Span een stuk vitrage op de borduurring. Leg de borduurring met de vlakke stofkant op de klaarliggende papierstukjes.

3) Smeer nu een 'worstje' verf bovenaan in de ring, even lang als je tekening breed is.

tip!

Geen borduurring in de buurt? Het werkt ook met een (foto)kader, maar dan heb je wel meer werk om het stuk stof strak vast te nagelen rond de rand. Bij kleine kadertjes kun je het doek met een stevige elastiek vastklemmen.

4) Trek de inkt over de tekening met het plastic kaartje. Werk van boven naar onder, zet een beetje druk en houd het kaartje lichtjes schuin. Nu plakken alle stukjes papier van het ontwerp aan de borduurring en ben je klaar om op textiel te drukken!

5) Schep de resterende verf op met het kaartje en leg deze terug bovenaan. Leg de borduurring op het textiel en trek de verf opnieuw naar je toe. Zorg ervoor dat de borduurring in geen geval kan schuiven over de stof. Vraag eventueel aan iemand anders om de ring vast te houden.

Je kunt meerdere prints na elkaar maken, maar let erop dat je de ring niet op een print legt die nog nat is. Anders krijg je gegarandeerd vlekken bij een derde print. Als je klaar bent, maak je het plastic kaartje en de ring schoon. Het stukje vitrage kun je niet meer gebruiken en mag dus weg.
Laat het textiel goed drogen. Fixeer de verf tot slot door er aan de achterkant even op te strijken.

6. Voor de brief trok ik lijnen met een meetlat. De tekst schreef ik met een permanente stift in zwart, blauw en rood. Je kunt de kussensloop met de hand wassen. Gebruik geen agressief wasmiddel.

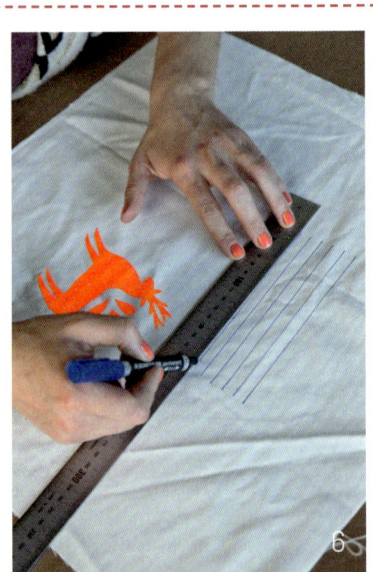

Opstaan voor Breakfast at Tiffany's

SLAAPMASKER
VOOR DE SLEEPING BEAUTY

HERINNER JE JE HET LEUKE SLAAPMASKER van Audrey Hepburn uit Breakfast at Tiffany's? En wat vind je van mijn versie? Ga de uitdaging aan en maak er zelf eentje!

HOE MAAK JE HET?

1) Teken de patronen over en knip ze uit in stevig papier.

2) Knip de maskervorm één keer uit in zachte vilt en één keer in stof. Knip het kleine ooglid twee keer uit in vill, het grote twee keer in stof en de wimpers twee keer in (nep)leer of vilt.

Meet een stuk elastiek af rond je hoofd, van de ene buitenste ooghoek via je achterhoofd tot aan de andere ooghoek. Het is belangrijk dat het elastiek niet te hard spant.

3) Maak het uiteinde van het elastiek vast op het vilt. Dit kun je doen met contactlijm of lekker ouderwets met naald en draad. Plakken gaat sneller, maar naaien is veiliger in de was. Plak vervolgens de stof op het vilt. Plak voor de oogleden de stof op het vilt, maar vouw de randen van de stof om naar de achterkant van het vilt. Tot slot plak je de wimpers op de achterkant van de oogleden en plak je de oogleden op het maskertje. Werk de rand van het maskertje eventueel af met een mooi lint.

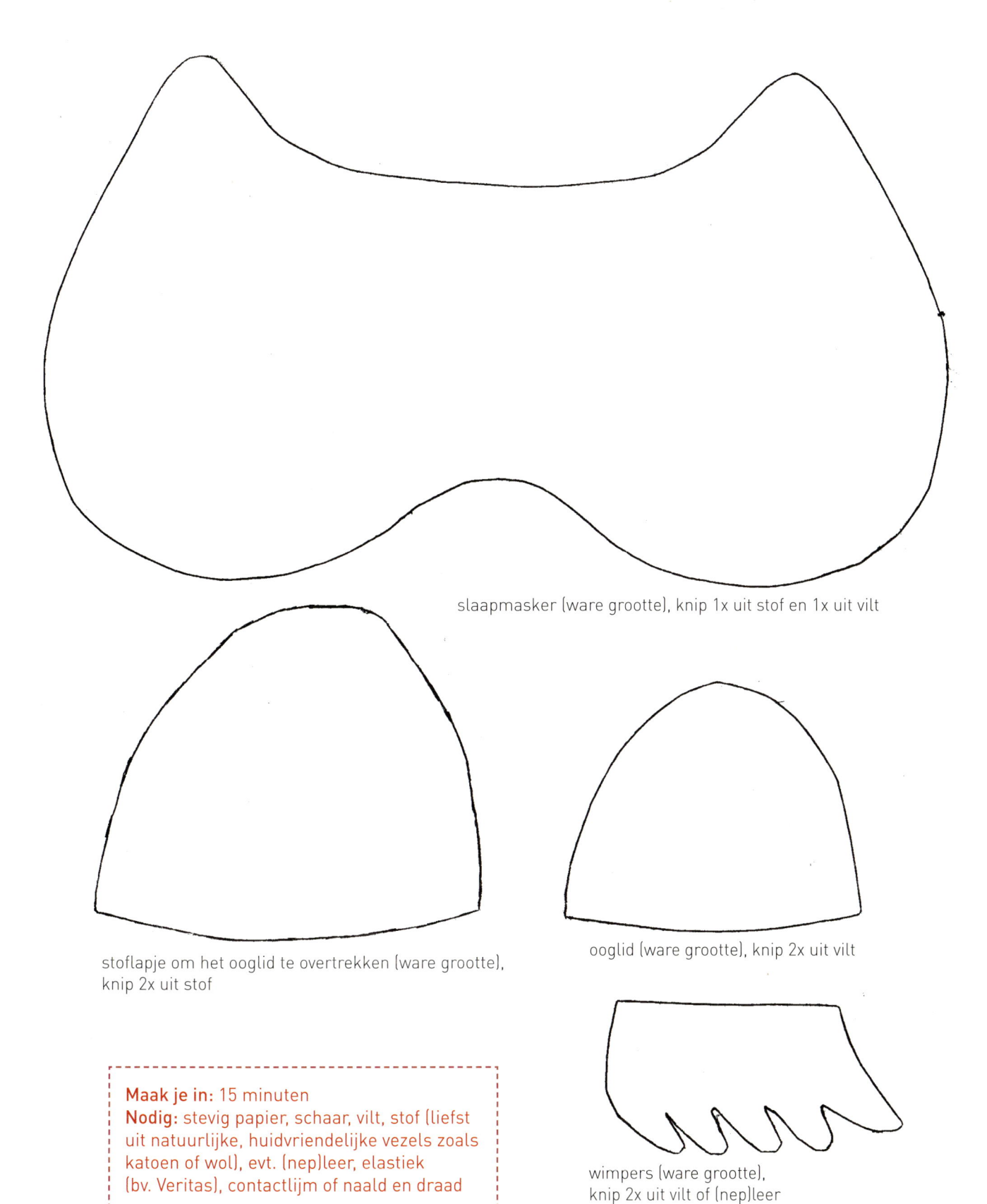

slaapmasker (ware grootte), knip 1x uit stof en 1x uit vilt

stoflapje om het ooglid te overtrekken (ware grootte), knip 2x uit stof

ooglid (ware grootte), knip 2x uit vilt

wimpers (ware grootte), knip 2x uit vilt of (nep)leer

Maak je in: 15 minuten
Nodig: stevig papier, schaar, vilt, stof (liefst uit natuurlijke, huidvriendelijke vezels zoals katoen of wol), evt. (nep)leer, elastiek (bv. Veritas), contactlijm of naald en draad

ongekrompen eekhoorn (ware grootte)

JUWELEN OP MAAT

SNORRENKETTINGEN, JOUW EIGEN NAAM, of die van jouw favoriete muziekgroep: plexi-juwelen zijn superleuk en terecht populair. Zelf plexi-juwelen maken, zonder speciale tools, in de mooiste vormen… kan dat? Toen ik me afvroeg hoe ik mijn eigen unieke plexi-juwelen thuis zou kunnen maken, heb ik deze jeugdverenigingenhit helemaal herontdekt: schrinkelpapier!

HOE MAAK JE HET?

Schrinkelpapier lijkt op gewoon, stevig papier, tot… je het in de oven verwarmt. En wat wordt het dan? Een superstevig, watervast stuk plastic dat zeven keer kleiner én zeven keer dikker is!

1) Maak een schets van de ketting die je wilt maken.
2) Teken alle onderdeeltjes apart met potlood op een vel schrinkelpapier. Teken ze zeven keer groter dan gewenst.
3) Knip alles uit met een papierschaar.
4) Maak gaatjes met een perforator. Gom eventuele potloodresten weg. Krimp alles een voor een in de oven, volgens de gebruiksaanwijzing op de verpakking.
5) Om de eekhoorntjes aan elkaar te hangen, maakte ik ringetjes uit ijzerdraad. Hiervoor draai je een stuk stevig ijzerdraad tot een spiraal rond een stokje. Vervolgens knip je deze spiraal door met een tang. Hang de figuurtjes aan elkaar. Maak ze vast aan de ketting met je zelfgemaakte metalen ringetjes.

Maak je in: 17 minuten + krimptijd in de oven
Nodig: schrinkelpapier, potlood, schaar, perforator, evt. gommetje, oven, ijzerdraad, stokje en tang, ketting

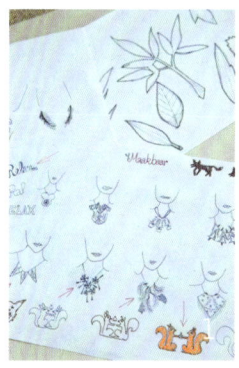

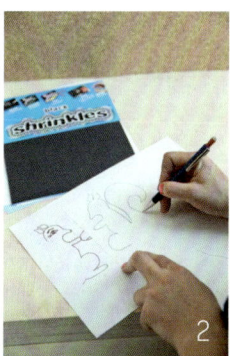

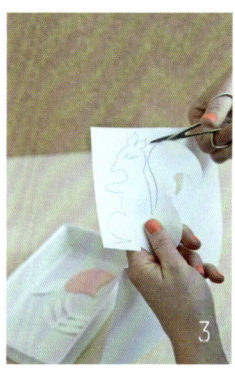

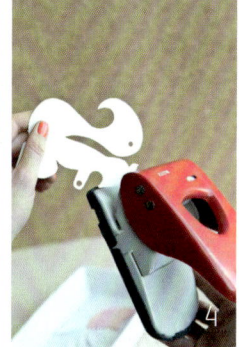

SHOE NICE!

HET IS NIET GEMAKKELIJK om een efficiënt en tegelijk mooi schoenenrek te vinden. Na de verbouwingen aan mijn huis had ik nog een stukje sierlijst over en dat bleek dé oplossing te zijn.

SIERLIJSTEN VOOR PUMPS

HOE MAAK JE HET?

1) Bij Hubo vind je verschillende sierlijsten: van strak tot pompeus. Kies een plafondlijst die niet te groot is, want anders hangen je schoenen schuin.
2) Omdat de lijsten gemaakt zijn van een soort piepschuim, snijd je ze gemakkelijk zelf op maat met een breekmes.
3) Geef ze een kleurrijk accent door met het stempelkussen tegen de uiteinden te drukken.
4) Wanneer dat droog is, plak je de tape over de hele lengte van het platte deel dat straks tegen de muur komt. Dan hoef je alleen nog maar het beschermende papier van de tape af te halen en je schoenenrek is klaar!

Let erop dat de muur schoon, vlak en droog is. Leg een lat tegen de muur en zet er een waterpas op. Haal de waterpas eraf wanneer de lat juist staat en teken een potloodlijn.
Druk de tape van de sierlijst tegen de potloodlijn en druk stevig aan. Je zou denken dat de tape weer loskomt, maar hij kan zo'n 8 kilo per 10 centimeter dragen. Ik ben trouwe fan!

Maak je in: 5 minuten
Nodig: sierlijst, breekmes, stempelkussen met permanente inkt, Bison Montage Kit tape.

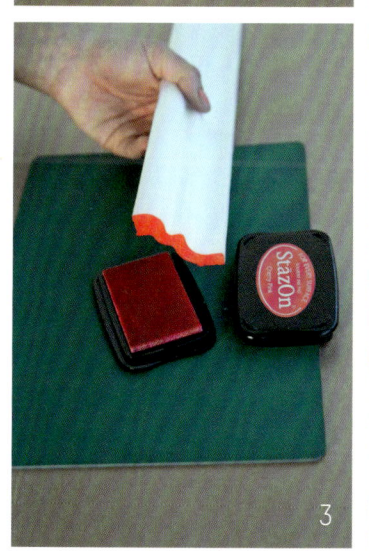

KAPSTOK VOOR FLATS EN FLIP-FLOPS

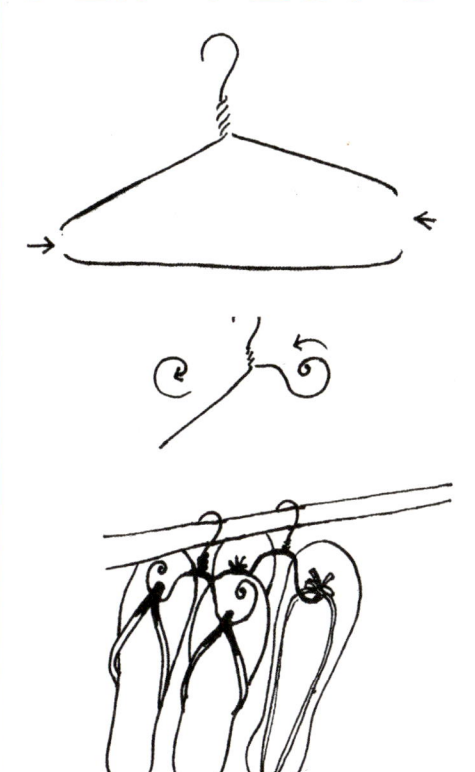

HOE MAAK JE HET?
Knip de twee hoeken van een ijzerdraadkapstok door met een tang. Gebruik een platte tang om ze rond te buigen, zoals op de tekening.

Maak je in: 3 minuten
Nodig: kapstokken in ijzerdraad (gratis bij de droogkuis), kniptang, platte tang

FRIENDS DO IT

LINDA VAN WAESBERGE

BLOEMENDIADEEM

Linda is een van Vlaanderens topstylistes. Bovendien heeft ze een geweldig gevoel voor humor. Ik ben al jaren fan van haar originele posts op Facebook en Twitter. Daar komt ze af en toe de boel charmeren met een stel bloemen in haar haar. Sinds Lana Del Rey dweept met de bloemenkroon, is het weer in om je outfit – letterlijk – op te fleuren. Linda, Lana of Frida Kahlo: een bloemenaccessoire hoeft er zeker niet te braaf uit te zien!

GHENT STREET STYLE

DEZE ZIJDEZACHTE BLOEMEN maak je in een handomdraai. Ze geven je outfit een feestelijke boost bij elke gelegenheid.

HOE MAAK JE HET?

Voor je begint, moet je even goed opletten. De stof die je nodig hebt, moet immers voor 100 % gemaakt zijn van polyester. Voor je naar de stoffenwinkel loopt, duik je best eerst eens in die doos met afdankertjes, want polyester wordt nog vaak gebruikt als voering voor jassen en rokken. Uitknippen en meenemen die handel!

1) Knip cirkels van verschillende grootte uit de stof.
2) Geef elke cirkel enkele knippen van ongeveer 3 centimeter diep.
3) Houd de rand van de cirkel boven een kaarsvlam (nooit erin!) en kijk hoe snel de hitte de stof laat krimpen en fronsen. Dit maakt de bloemblaadjes zo mooi bol. Doe dit over de hele rand van de polyestercirkel. Herhaal bij alle cirkels. Leg de cirkels op elkaar en plak of naai ze in het midden aan elkaar vast.
4) Voor de zwarte meeldraden draai je een eindje zwart garen rond je vingertop.
5) Vervolgens bind je dit samen op één punt en naai of plak je de dit in het hart van de bloem.

Maak je in: 8 minuten (per bloem)
Nodig: stof (100 % polyester), schaar, brandende kaars, lijm of naald en draad

tip!

Zelfs je schoenen kun je pimpen met een bloem. Koop een setje schoenclips (bv. Veritas) en naai ze stevig aan een bloem met naald en draad.

MAKE-UP À GOGO

OOGSCHADUWHOUDER

ZO VEEL OOGSCHADUW- EN LIPSTICKKLEURTJES, zo weinig plaats... Om het overzicht te bewaren, verzamel ik de mijne in deze zelfverzonnen reiskits. Supergemakkelijk te maken, superhandig voor onderweg!

HOE MAAK JE HET?

Geniaal product van MAC: oogschaduw zonder plastic doosje.

1) Zit jouw oogschaduw toch muurvast in de verpakking? Haal deze er dan uit door het hele doosje even boven een kaarsvlam te houden. Let op: houd het boven de vlam en niet in de vlam.

2) Als het plastic week wordt van de hitte, wip dan het oogschaduwhoudertje uit het oogschaduwdoosje door de punt van een schaar doorheen de bodem te duwen. Eventuele lijm- of plasticresten verwijder je met een breekmes.

3) en 4) Haal het papier uit het cd-doosje en maak het deksel los van de onderkant. Ik ontvette de onderkant met ontsmettingsalcohol en gaf de binnenkant een laagje zwarte verf. Monteer het doosje opnieuw en schik de verschillende kleurtjes oogschaduw erin.

Kleef ze een voor een vast met contactlijm.

Maak je in: 20 minuten
Nodig: oogschaduw, kaars, schaar, breekmes, leeg cd-doosje, contactlijm, ontvetter, evt. verfspuitbus

LIPSTICKPALET

DIT IS EEN DROOM VOOR ONDERWEG! Lichte kleurtjes voor overdag en een iets gewaagdere tint voor het diner, allemaal netjes aangebracht met een penseeltje: c'est comme il faut. Er hoort nog een lipliner én een klein spiegeltje bij... en dan nog past dit palet in mijn kleinste handtas.

Maak je in: 15 minuten
Nodig: lege potlooddoos, metalen dopjes van schuimwijnkurken, evt. spuitbus verf, mes, lipstick in verschillende kleuren, eetlepel, kaars, contactlijm

tip!
Je kunt dit ook doen met gewone kroonkurken, maar verwijder dan wel eerst het plastic laagje aan de binnenkant.

HOE MAAK JE HET?

Spuit de buitenkant van de potlodendoos zwart (of in een andere kleur naar keuze). Het is de bedoeling dat je evenveel metalen dopjes hebt als kleuren lipstick.

1) Snijd van elke lipstick voorzichtig een schijfje af. Laat het schijfje in een metalen dopje vallen.

Leg het dopje in een eetlepel. Houd de lepel boven de brandende kaars en kijk hoe de lipstick smelt en zo de hele bodem van het dopje vult. Let er wel op dat je het smelten langzaamaan doet en je de lipstick niet laat koken, want dat zou de kwaliteit van de lipstick kunnen aantasten.

2) Lijm de dopjes naast elkaar in de doos.

3) Om het helemaal af te maken, stopte ik nog een penseeltje en lipcontourpotlood in het doosje. Intussen plakte ik ook nog een spiegeltje aan de binnenkant van het deksel.

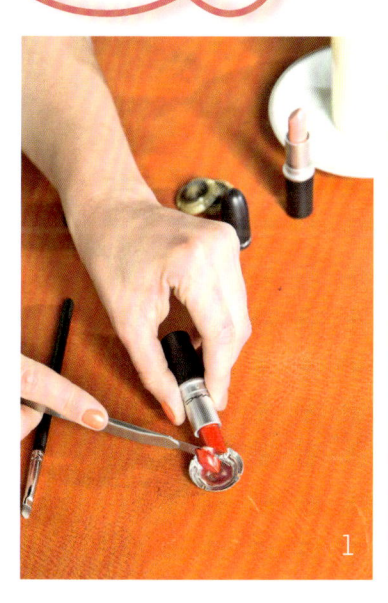

- 8 -

DRAAD

'Really, all you need to become a good knitter are wool, needles, hands, and slightly below-average intelligence. Of course superior intelligence, such as yours and mine, is an advantage.'

Elizabeth Zimmermann, auteur van 'Knitting Without Tears'

Zalig zacht en kleurrijk: wie kan weerstaan aan een fluffy bolletje wol? Ik in elk geval niet! Maar een hele avond op de sofa zitten met twee breinaalden om uiteindelijk drie rijtjes af te hebben... zenuwslopend. Hoezeer ik het ook zou willen kunnen: ik ontspan me niet als het niet vlot vooruit gaat. Toch ligt mijn impulsaankoop-wol niet ongebruikt in mijn kast te vergaan! Er is nog zoveel meer dat je met draad kunt maken zonder breinaalden...

HOOFDSTUK 8

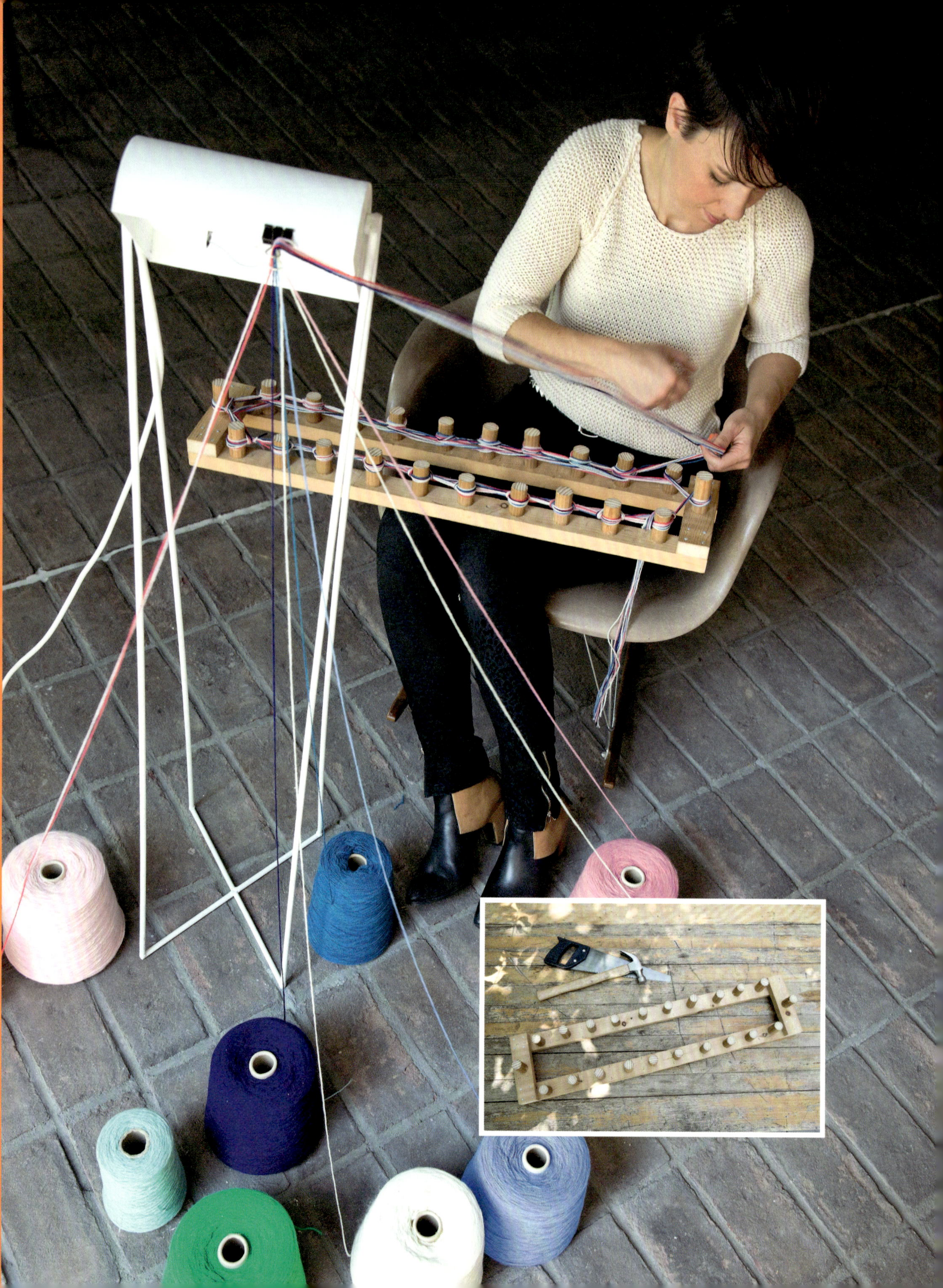

REUZEGROTE BREIMACHINE

IK RUILDE MIJN KLEINE BREINAALDEN om tegen een reuzenbreiplank. Dat gaat snel en maakt breien kinderspel. Ik zag zelfs een kind van vijf er al sjaals mee maken. There's no stopping us now!

tip!

Is XL een maatje te groot voor jou? Maak dan een kleinere versie van de breiplank met latjes en vervang de stukjes bezemsteel door spijkers. Bij een miniversie kun je een haakpen gebruiken om de steken over de spijkers te halen.

HOE MAAK JE HET?

Met dit systeem brei je in no time een dikke sjaal, een zachte buff of een leuke muts.

1) Zaag een houten lat in twee lange stukken van 80 centimeter en twee korte stukken van 20 centimeter.
2) Maak een kader van de houten latten. Dit doe je door de korte latten op de lange te spijkeren. Let er wel op dat de spijkers niet langer zijn dan de twee latjes op elkaar, zodat ze er aan de andere kant niet uitsteken.
3) Zaag voor de houten pinnen een bezemsteel in 22 stukjes van ongeveer 5 centimeter.
4) Draai het kader om en hamer om de 10 centimeter een spijker in het kader, tot de spijkerpunt nét tevoorschijn komt. Prik in het midden van iedere houten bezemsteelpin een spijkerpunt en spijker ze dan een voor een vast. Hamer de spijkerkoppen diep genoeg in het hout, zodat je jezelf er achteraf niet aan bezeert. Zorg steeds voor een even aantal houten pinnen, zodat je breiwerk altijd klopt. Schuur eventueel de scherpste randen van het hout nog wat af met een stukje schuurpapier.

Maak je in: 30 minuten
Nodig: houten lat (2 m lang, 4 cm breed, 2 cm dik), bezemsteel, zaag, hamer, spijkers, evt. schuurpapiers

BREIEN MET DE REUZENBREIPLANK

ALLE BREISTEKEN DIE JE MET BREINAALDEN KUNT MAKEN, kun je ook met deze breiplank maken. Op het internet vind je een heleboel handleidingen en tutorials, meestal in het Engels. Zoek op de woorden 'breiplankje', 'breiraam', 'knitting board' of 'knitting loom'. De meest eenvoudige steek verschilt in niets van het klassieke punniken*: leg de draad rond alle pinnen en haak de lus van iedere pin over deze nieuwe draad. Het resultaat is een buisachtig breisel, dat er net uitziet als een grote beenwarmer.

HOE MAAK JE HET?

1) Om deze dikke, zachte cirkelsjaal te maken, leid je tien dunne woldraden langs een papierklem omhoog en vervolgens weer naar beneden, als één dikke draad. De klem zit hier op een staande lamp die geschikt bleek voor de job: de klem moet namelijk hoog genoeg (boven jou) hangen.
Gebruik je bollen wol die niet vanzelf kunnen blijven staan, zet dan iedere bol afzonderlijk in een kom of emmer op de grond. Zo haken de draden tijdens het breien niet in elkaar.

2) Begin door een lus te maken die je losjes rond een willekeurige pin knoopt. Draai vervolgens de draad rond iedere pin tot er wol zit rond elke pin.

3) Leg de draad nu rond alle pinnen tegelijk en haal de lus van iedere pin met je vingers over deze nieuwe draad. Opgelet: over en niet onder! Het resultaat is dat alle pinnen opnieuw een lus hebben.
Leg opnieuw de draad langs alle pinnen, steeds in dezelfde wijzerrichting, en haak weer alle lussen over deze draad. Aan de binnenkant van iedere pin zie je nu de wol ophopen. Ga gewoon verder met lussen maken.

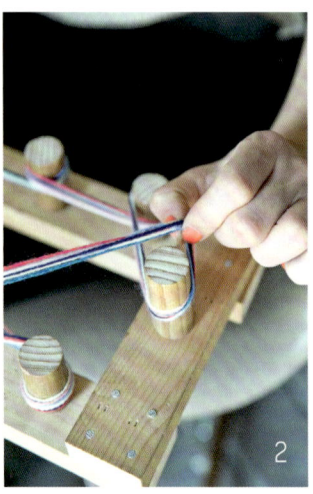

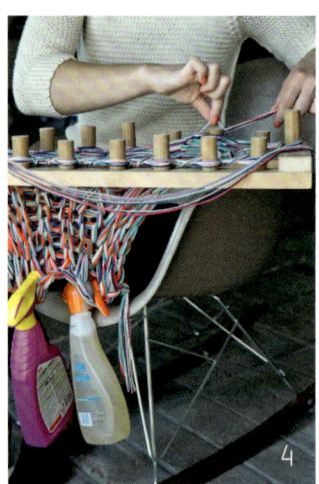

tip!

In plaats van met een bezemsteel kun je ook experimenteren met schroeven, wijnkurken of ander materiaal. Laat nooit te veel ruimte tussen de pinnen, maar zet ze ook niet te dicht bij elkaar.

Maak je in: 30 minuten
Nodig: reuzenbreiplank, verschillende bollen wol, een klemmetje en een kapstok of kledingrek, zeepverstuivers (als gewichten)

4) Wanneer je breisel zo'n 10 centimeter lang is, hang je er best enkele gewichten aan. Op die manier gaat de wol mooi doorhangen en glijdt deze niet van de pinnen af.

Wanneer je klaar bent, haal je het werk van de breiplank door de lussen er af te breien. Kijk naar de laatste twee pinnen waar je een lus hebt overgehaald. De laatste pin noemen we 'lus 2' en de voorlaatste 'lus 1'. Haal lus 1 van de pin af en leg ze over de pin van lus 2. Haak lus 2 over lus 1. Nu heb je lus 1 'afgebreid'. Ga verder: leg de draad om alle overige pinnen en brei telkens een lus. Haal dan de vorige lus over de laatst gemaakte lus, tot alle lussen van de pinnen afkomen. Maak een knoopje in het einde van de draad en knip hem af.

*punnikpopjes

OUD T-SHIRT WORDT

DEZE DIKKE, ELASTISCHE DRAAD is supertof om mee te haken of te breien: het gaat erg snel en geeft een heerlijk zacht en kleurrijk resultaat. Koop de draad kant-en-klaar in de winkel, of maak hem gewoon zelf met een schaar en een oud T-shirt.

tip!
Dit lukt erg goed met de meeste (katoenen) T-shirts. Experimenteer dus gerust met bedrukte shirts of andere kledingstukken uit hetzelfde materiaal.

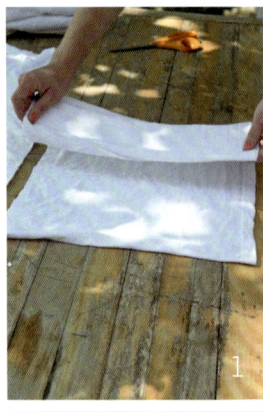

HOE MAAK JE HET?

Je krijgt het beste resultaat met een groot T-shirt (lekker veel draad) zonder zijnaden (meestal bij mannenshirts).

1) Leg het T-shirt plat op tafel en knip met een stofschaar van oksel naar oksel. Neem het deel met de halsuitsnijding en de mouwen weg. Vouw de rechthoek net niet dubbel: laat een strook van 5 centimeter vrij. Vouw dit dubbele deel nog eens dubbel, in dezelfde richting als daarnet en even ver.

2) Knip deze vierdubbel gevouwen strook in smalle, dwarse stroken van ongeveer 3 centimeter breed. Hoe breder je ze knipt, hoe dikker de draad (en hoe korter). Opgelet: knip niet door de ongevouwen stof, maar enkel door de vierdubbele laag.

3) Neem de ongeknipte strook met beide handen vast en schik deze zo plat en open mogelijk op tafel.

4) en 5) Maak een lint door een spiraal te knippen: begin aan de onderste rand en werk naar de eerste knip toe. Knip steeds schuin, van rechtsonder naar liksboven, tot je boven opnieuw door de rand knipt.

5) De draad krult zichzelf op tot een rond lint wanneer je er zachtjes aan trekt. Omdat de stof erg fijn is, zal deze amper uitrafelen.

Maak je in: 3 minuten
Nodig: oud T-shirt, schaar

SUPERDIKKE DRAAD

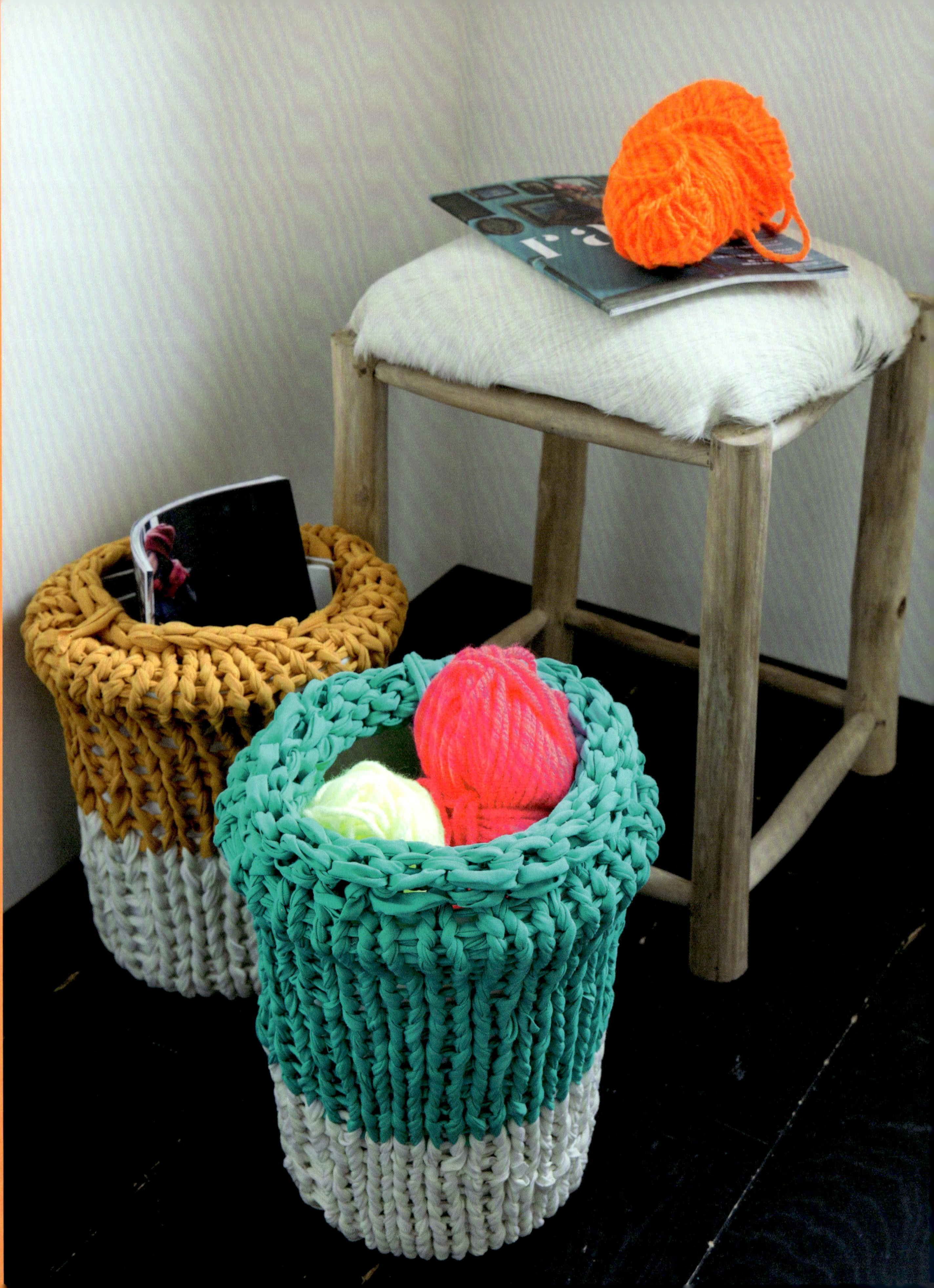

XL BREIWERK

EEN POEF OF MAND MET XL-BREIWERK. Prachtig! Knus! Instant cocoongevoel! Maar jammer genoeg nogal moeilijk op te bergen... Ik zeg: maak lekker zelf een alternatief: de ontmantelbare opberger.

Maak je in: 60 minuten
Nodig: 3 oude, tot lint verknipte T-shirts, een emmer en de breiplank

HOE MAAK JE HET?

Brei een koker met de reuzenbreiplank en de draad van oude T-shirts (zie p. 138). Voor één opberger heb je tot vier T-shirts nodig. Knoop de eindjes van twee T-shirtdraden gewoon aan elkaar of maak ze vast met een handgenaaid steekje voor een keurig resultaat.

1) Als je de koker hebt gebreid, rijg je een stuk draad door de lussen van het begin van de koker.

2) Trek die lussen samen met de draad en knoop hem vast door enkele kettingsteekjes te haken met jouw vingers. Dit uiteinde kun je straks gemakkelijk naar binnen stoppen.

3) en 4) Nu heb je een zak. Vul de zak met kussenvulling en rijg hem opnieuw dicht bovenaan (als je een poef maakt) of trek de zak over een omgekeerde emmer voor een originele opberger.

JUWELEN UIT DE PRULLENMAND

ZIT JE TE WACHTEN OP NOG EEN VIJFMINUTENPROJECT om snel thuis of met vriendinnen te doen? Deze zachte armbanden zijn een gegarandeerd succes!

HOE MAAK JE HET?

1) Snijd met het breekmes twee ringen uit de fles. Zorg ervoor dat de ringen even breed zijn en geen scherpe onregelmatigheden hebben aan de rand. Knip de ene ring door, druk hem een beetje in elkaar en duw hem in de andere ring. Plak de ringen samen met plakband. Nu heb je een stevige armbandbasis die je kunt beplakken of overtrekken met textiel.

2) Ik koos ervoor om de armband te bekleden met het mouwuiteinde van een oude trui, maar je krijgt een even leuk resultaat met een paar oude broekkousen, een dikke sok of zelfs een gekrompen kraag. Vouw de stof rond de armband en laat de uiteinden elkaar overlappen.

3) Speld de stof op de juiste plaats en naai vast met een stevige draad. Kies voor een onopvallende kleur of ga voor een extra decoratief stiksel met een contrasterende kleur.

Maak je in: 5 minuten
Nodig: breekmes, lege petfles (waar je je hand in kunt stoppen), schaar, plakband, oude trui (of broekkous, sok, kraag...), naald en draad

One girl's trash is a clever girl's treasure

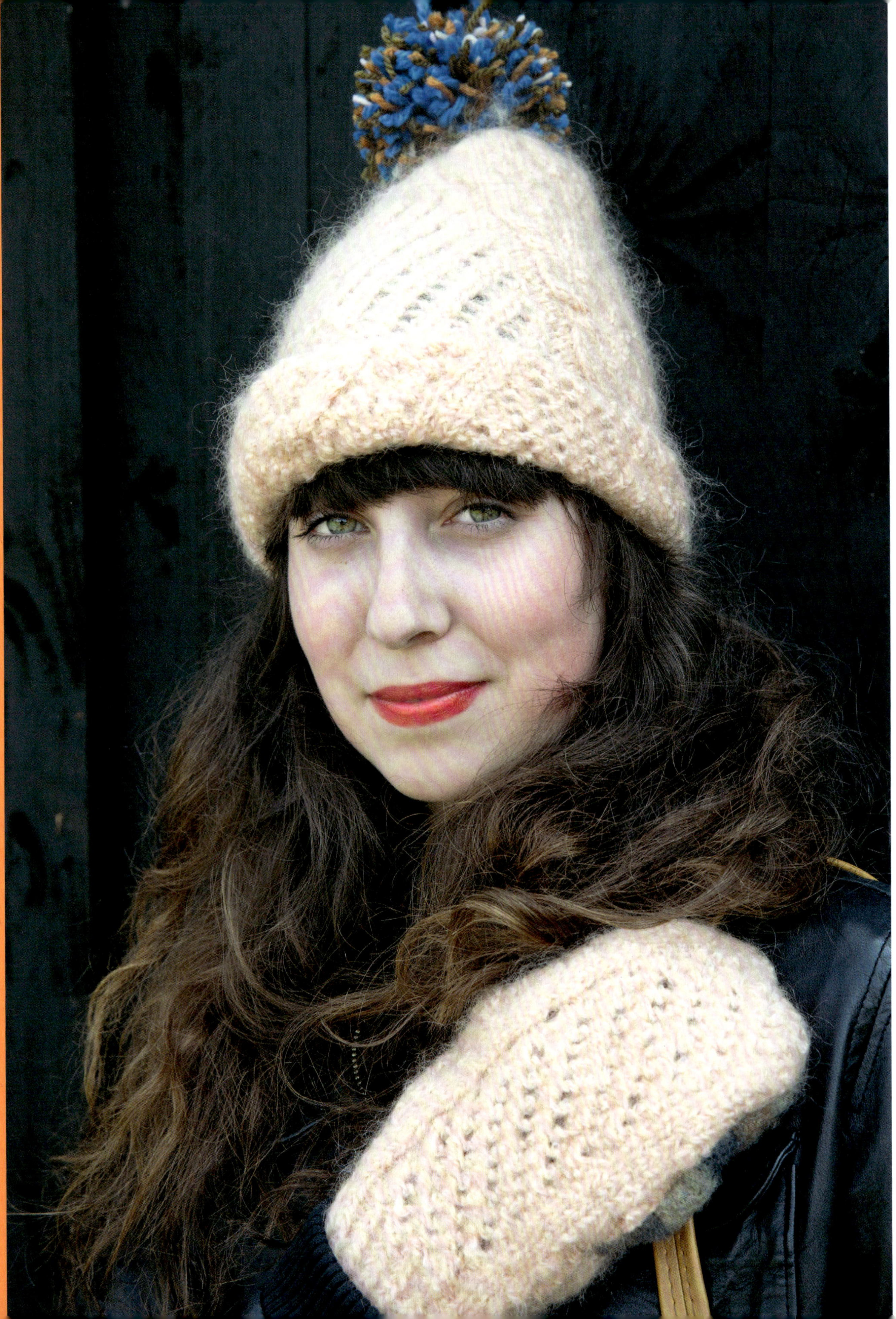

GEKROMPEN TRUI WORDT MUTS & WANTEN

EEN HELEBOEL VAN DE BESTE HERGEBRUIKIDEEËN ontstonden uit noodzaak. In tijden van textielschaarste – begin vorige eeuw – bedacht een slimmerik deze heerlijke warme wanten met bijpassende muts. Een echte oorlogsklassieker!

HOE MAAK JE HET?

Als een wollen trui krimpt, vervilt de wolvezel tot een dikke, dekenachtige materie. Ideaal voor warme wanten tijdens een pittige, Belgische winter.

1) De patronen uit dit boek zijn gemaakt op maat van mijn eigen handen: medium vrouwenhanden. Maak ze iets groter voor een man en iets kleiner voor kinderen. Doe dat met de kopieermachine, dan kun je je niet vergissen in de afmetingen. Neem ze over op stevig papier. Leg de oude trui plat op tafel en leg daarop de onder- en achterkant van de want. Let erop dat de onderkant van het patroon gelijk ligt met de benedenrand van de trui. Wil je graag langere wanten? Leg ze dan allebei hoger en knip recht naar beneden. Knip door de voor- en achterkant van de trui tegelijk, dan heb je meteen stof voor twee wanten. Knip het bovenste deel van de want twee keer uit een ander deel van de trui of uit een andere trui, liefst met een contrasterende kleur.

2 en 3) Leg de duimen van boven- en onderdeel op elkaar, zoals ze er uiteindelijk zullen uitzien, maar met de averechtse kant naar buiten. Gebruik een stevige draad en naai ze aan elkaar vast met een festonsteek. Leg vervolgens dit deel, nog steeds met de averechtse kant naar buiten, op een achterstuk. Naai opnieuw vast met dezelfde steek. Draai de wanten binnenstebuiten en strijk ze eventueel plat.

4) Voor de muts leg je een muts met dezelfde maat plat op een ander deel van de trui. In het voorbeeld op de foto gebruikte ik een mouw. Omdat de ronde mouw rond over mijn hoofd paste, hoefde ik gewoon alleen de rand om te slaan en vast te naaien. Aan het smallere eind bond ik er een koordje om. Nadat ik de mouw binnenstebuiten keerde, knoopte ik er nog een vrolijke pompon aan vast.

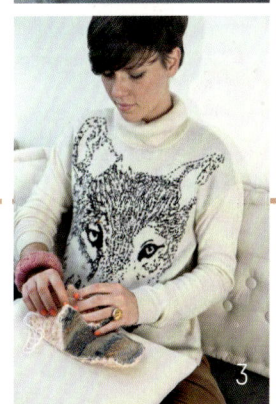

Maak je in: 45 minuten
Nodig: stevig papier, schaar, oude trui(en), naald, stevig garen, evt. pompon, evt. strijkijzer

BORDUREN XL

PSYCHEDELISCHE, GEBORDUURDE POSTKAARTEN uit de seventies. Spirograph tekenspeelgoed. Oh, nostalgie! Dankzij 2dehands.be vond ik dit stoeltje, dat bij mij in de buurt voor géén geld werd aangeboden. Ik personaliseerde het herkenbare IKEA-ontwerp door het lijnenspel van de spirograph te vertalen naar een borduurpatroon. Zo past deze stoel meteen een stuk beter in mijn interieur. Met dezelfde techniek kun je op gelijk welk plastic item leuke borduurtekeningen maken. Ga je mijn uitdaging aan? Ik ben alvast benieuwd!

Maak je in: 20 minuten
Nodig: spuitbus verf, pan of bord, stevig papier, stift, meetlat, schaar, dikke naald, wijnkurk, kaars, plastic raffia (bv. De Banier), dunne ijzerdraad

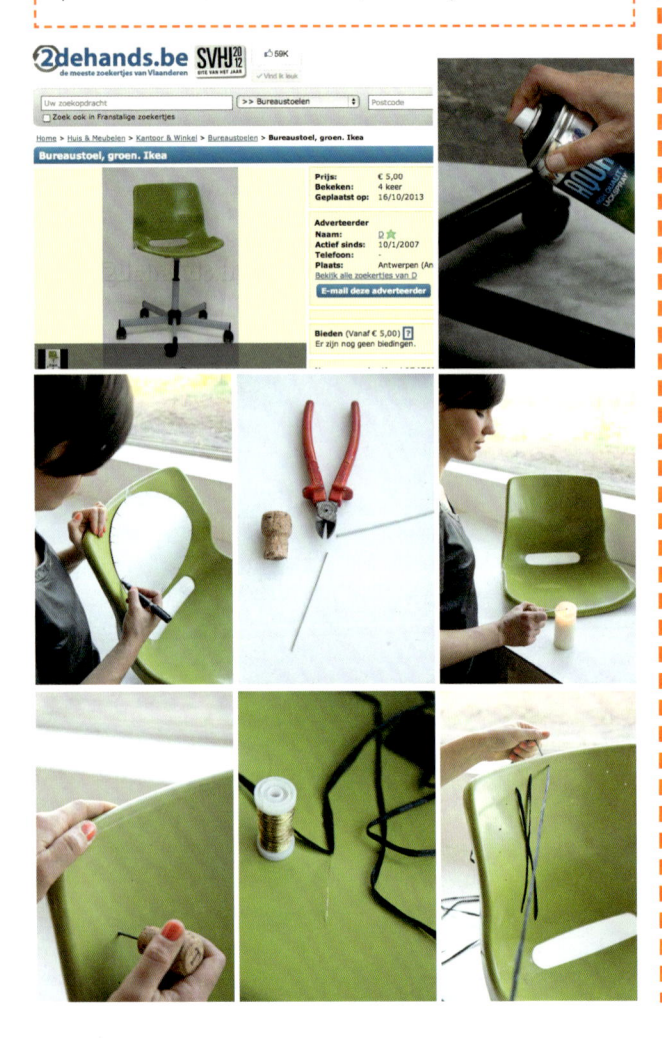

HOE MAAK JE HET?

1) Ontmantel (indien mogelijk) de stoelzitting en spuit de poten mat zwart (of een andere kleur) met spuitverf.
2) Met behulp van een pan of een bord teken je een cirkel op het papier. Verdeel de cirkel onder in een even aantal punten aan de rand, net zoals je een taart snijdt: eerst in twee, dan in vier, enzovoort. Ga door tot er ongeveer om de 3 centimeter een punt getekend staat.
Knip de cirkel uit, houd hem tegen de rugleuning van de stoel en teken de punten met een stiftje over op het plastic.
3) Om de gaatjes te maken, kun je een fijn boortje gebruiken, maar omdat deze stoel van plastic is, kun je evengoed zelf een tool maken. Knip hiervoor een ijzeren staafje of gebruik een dikke naald en prik deze in een wijnkurk.
4) De isolerende eigenschap van kurk zorgt ervoor dat je je handen niet verbrandt wanneer je de punt van het metaal in de vlam van een kaars verhit.
5) Prik op elk getekend gaatje met de hete naald door het plastic heen. Let op: tijdens het smelten van plastic kunnen giftige dampen vrijkomen. Daarom werk je best buiten of in een goed geventileerde ruimte.
6) In de plaats van draad gebruikte ik plastic raffia: te koop in alle kleuren, goedkoop én gemakkelijk te onderhouden. Perfect voor dit project! Omdat de kop van een dikke naald niet makkelijk door de gaatjes gaat, gebruikte ik een stukje dubbel geplooid ijzerdraad als naald.
Borduur de tekening door de draad door de gaatjes te halen en telkens een gaatje op te schuiven, zoals op de tekening.

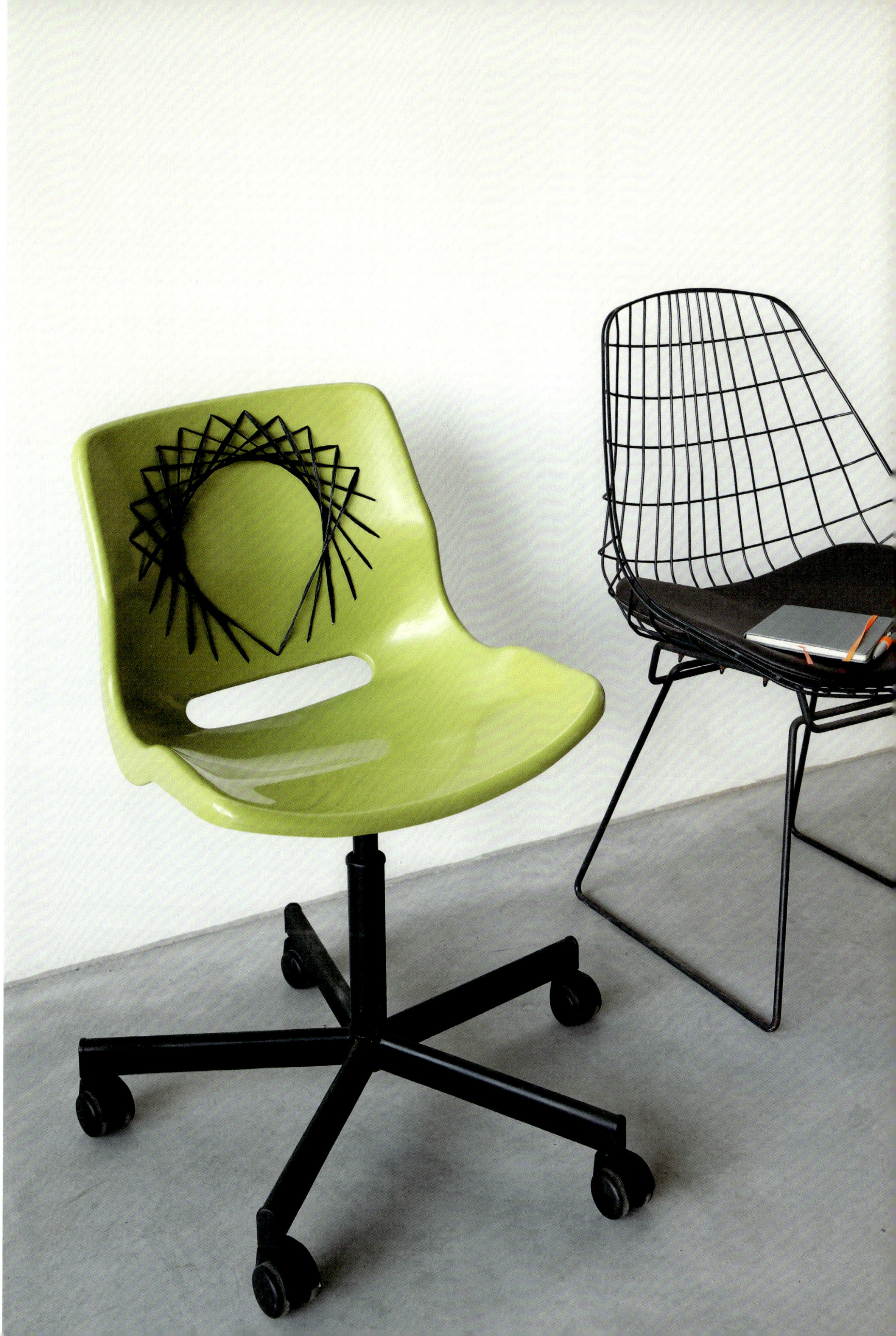

FRIENDS DO IT

DELFIEN DEBROUX

ZEEMANSKNOOPKETTING

De allereerste Vlaamse maakblog in een strakkere, hedendaagse stijl was OPERATION DIY van Delfien Debroux. Ze besloot de blog op te starten om haar eigen crea-experimenten met de wereld te delen. Dankzij haar duidelijke tutorials kun je helemaal zelf aan de slag. Zelfs Eva Daeleman maakte al eens een ketting dankzij het voorbeeld van Delfien. In een gezellig Brussels cafeetje toont ze me bij de lunch hoe je deze *statement necklace* maakt uit een lint en een eindje touw.

Op www.operation-diy.blogspot.be kun je zien hoe Delfien deze en andere, gemakkelijke en mooie creaties stap voor stap uitlegt.

GHENT
STREET
STYLE

− 9 −

NATUURLIJK WELLNESS

Nature itself is the best physician
Hippocrates

Tussen alle felle kleurtjes en opvallende vormen door, heb je wellicht – net als ik – af en toe echt nood aan rust en relaxen. Een beetje me-time: je lichaam en geest flink in de watten leggen om je vervolgens weer vol energie in het bruisende stadsleven te kunnen storten.

HOOFDSTUK 9

le luxe n'est pas un plaisir le plaisir est un luxe

i'll meet you here

JUWELEN HOUDER

MAAK EEN HEERLIJKE WANDELING IN HET PARK, een nabijgelegen bos of – als je geluk hebt – in je eigen tuin en zoek een fijne tak met veel kleine vertakkingen. Let erop dat hij niet te droog is: als hij gemakkelijk breekt, is hij niet meer bruikbaar. Met een exemplaar vol schimmels of andere parasieten kun je ook niet veel meer doen. Deze tak komt van een vlierboom.

tip!
Wist je dat je ook pasta- en koekjesdeeg met deze kant-reliëftechniek kunt versieren? Gebruik deeg dat niet veel stijgt en weinig vet bevat, want anders zou de kanttextuur erg vervagen tijdens het bakken.

Maak je in: 30 minuten + 30 minuten bakken
Nodig: tak, vloerbescherming (stuk plastic, karton...), spuitbus verf, FIMO-klei, deegrol, breekmes, bord, lapje kant, broodplankje

HOE MAAK JE HET?

1) Leg de tak op een stuk vloerbescherming en spuit de tak aan alle kanten in een kleur naar keuze. Laat goed drogen en geef de tak dan nog een tweede laag.

2) Voor het ringenbordje liet ik me inspireren door de keramische bordjes die je tegenwoordig vaak ziet op handmade-marktjes. Ze hebben een afdruk van blaadjes of kant. Een snoepje voor het oog! Ik besloot het zelf eens uit te proberen met FIMO-klei en dat gaat nog beter dan verwacht!
Rol de klei uit tot een paar millimeter dik en snijd met een mesje langs een bord. Zo krijg je een nette, ronde vorm.

3) Leg het lapje kant op de klei en rol het er zachtjes in met de roller.

4) Verwijder het kant voorzichtig. Normaal gezien blijven er geen restjes klei aan het kant plakken.

5) Leg de klei in een ronde, ovenbestendige kom en laat uitharden in de oven volgens de gebruiksaanwijzing op de verpakking (meestal is dit 30 minuten op 110 °C).

6) De meeste broodplankjes hebben al een gaatje. Is jouw tak te dik om in dit gaatje te klemmen, dan kun je hem bijsnijden met een breekmes of vastprikken op een nagel. Is hij te dun, dan is hij vast ook niet stevig genoeg om juwelen te dragen.

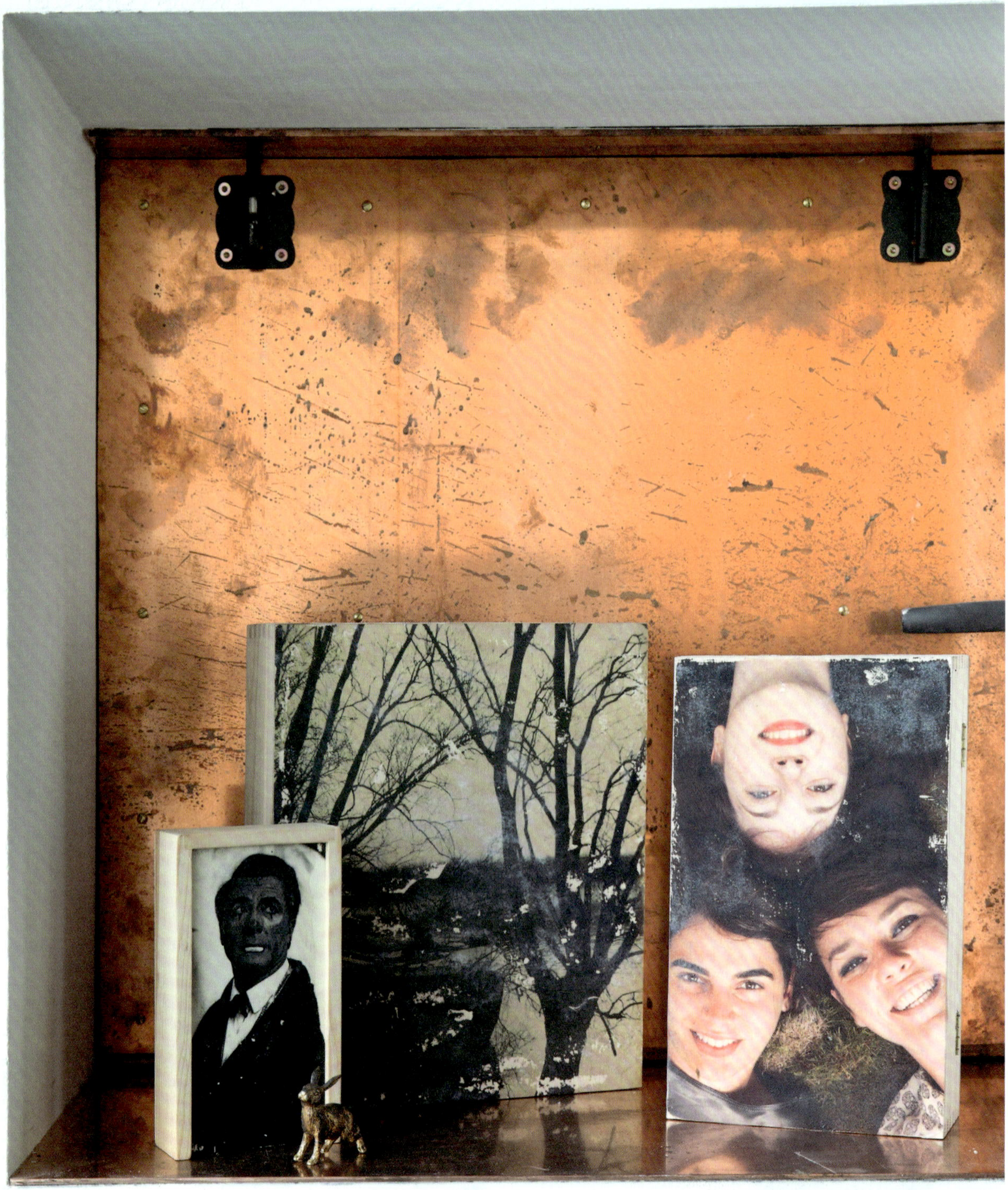

FOTO'S OP HOUT DRUKKEN

HOE MAAK JE HET?

1) Print een foto af op normaal printpapier. Dit kan zowel in kleur als zwart-wit. Let wel op: de foto zal in spiegelbeeld op de doos staan, dus druk hem indien mogelijk af in spiegelbeeld zodat hij juist op het hout komt te staan. Het werkt ook met prints van de printshop, of zelfs met fotokopieën van een kopieermachine.
Strijk het hout van het deksel en de bedrukte kant van de foto in met acrylmedium. Verdun het acrylmedium eerst met een beetje water als je het niet goed kunt uitsmeren.

2) Leg de foto met de bedrukte kant op het ingesmeerde hout.

3) Het is belangrijk dat er geen luchtblaasjes tussen het papier en het hout blijven zitten, dus moet je ze er allemaal uitwrijven met de platte kant van een lat of door het papier stevig aan te drukken met een deegrol. Laat daarna goed drogen.

4) Wanneer de foto helemaal droog is, maak je het witte blad (de achterkant van de foto) nat met lauw water. Je zult zien dat de witte papiervezels oprollen en dat je ze van de doos kunt afwassen. Was zoveel mogelijk witte papiervezels weg met zachte, draaiende bewegingen. Denk je dat je er alles hebt afgewassen? Laat de doos dan drogen. Blijft er na het drogen toch een witte waas op de foto zitten, dan betekent dit dat nog niet alle papiervezels weg zijn. Als dat het geval is, moet je de foto nog een keertje nat maken.
Als de witte waas helemaal verdwenen is, kun je de droge doos eventueel een beschermende vernislaag geven met het (verdunde) acrylmedium.

Maak je in: 25 minuten + droogtijd
Nodig: houten doos (Lucas Creativ), foto op normaal printpapier (80 g), hout, acrylmedium, penseel, lat of deegrol, lauw water

tip!
Deze techniek werkt op veel verschillende ondergronden, op voorwaarde dat de ondergrond een beetje poreus is en watervast. Probeer het eens uit met tegels of zelfs borden.

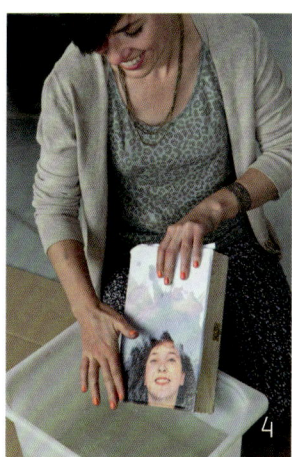

HOMEMADE BADBRUISBALLEN

DEZE BADBRUISBALLEN ZIEN ER NIET ALLEEN LEUK UIT, ze zijn *a real treat* in de badkamer en bovendien 100 % natuurlijk. Je kunt ze in allerlei vormen maken én jouw favoriete geur toevoegen. Een superleuk geschenk voor wie je wat ontspanning toewenst. En wie kan dat nu niet gebruiken?

tip!
Maak geen badbruisballen bij regenweer. De hoge luchtvochtigheid zou een reactie kunnen geven met het mengsel!

HOE MAAK JE HET?

1) Zet een schone, droge kom op de keukenweegschaal.
2) Weeg 25 g citroenzuur en 25 g maiszetmeel af in de kom.
3) Druppel er enkele druppels van je favoriete aromatische olie bij en eventueel enkele druppels gele voedingskleurstof. Wil je geen aromatische olie of kleurstof gebruiken, gebruik dan een geurloze olie. Gesmolten kokosvet is ideaal (uit de biowinkel). Doe er geen water bij, want je bruisballen zouden voortijdig kunnen gaan bruisen! Als het goed is, krijgt het deeg dezelfde consistentie als nat zand: het moet goed samenklonteren onder druk. Voeg 50 g bicarbonaat toe en meng grondig. De massa moet nog steeds recht blijven staan als je er met twee vingers in knijpt.
4) Druk het mengsel stevig in een vorm naar keuze. Het lijkt op spelen met strandzand: je kunt het in een mal persen en onmiddellijk terug uit de mal halen door er simpelweg op te tikken. Voor de badbruisballen gebruikte ik kerstballen van Rayher (Banier, Lucas Creativ). Vul een halve kerstbal met gele mix.
5) Begin helemaal opnieuw om rode mix te maken: druppel enkele druppels kleur- en geurstof op 25 g citroenzuur en 25 g maiszetmeel en meng grondig.
6) Giet er 50 g bicarbonaat bij en mix opnieuw tot een pasta.
7) Doe de rode mix in de andere helft van de kerstbal. Duw de beide helften tegen elkaar.
Voor de badbruispillen perste ik het deeg in een fruitsapdekseltje. De kenmerkende pillenstreep maakte ik door het poeder uit de mal te tikken en er in het midden de rand van een lat in te duwen.
8) Haal de bal onmiddellijk uit de mal en laat hem 24 uur drogen op een warme en droge plaats.

Maak je in: 10 minuten + droogtijd
Nodig: 100 g bicarbonaat , 50 g maiszetmeel (beide uit de supermarkt), 50 g citroenzuur (bij de apotheker), evt. voedingskleurstof, (aromatische) olie die geschikt is voor cosmetisch gebruik, kerstballen (bv. Rayher), evt. dekseltje van fruitsap, meetlat

ANTI STRESS & VEEL SUCCES bruisbal

eeuwige JEUGD tabletjes

ANTI STRESS & VEEL SUCCES bruistbal

instant GELUK

RECEPTEN VOOR

HOMEMADE WELLNESS

EEN PAKKETJE MET ZELFGEMAAKTE BEAUTYSPULLETJES: het ideale BFF-cadeautje. Geniet van de eenvoudige maar efficiënte, verse en natuurlijke producten die je met een luxelook verpakt. Ook leuk: samen iets maken met je vriendinnen voor je de nacht in vliegt! Deze fijne creadiva-beautytips branden geen gat in je partybudget en doen wel wat ze beloven...

FRUITIGE SCRUB

DOOR AF EN TOE JE GEZICHT een scrubbeurt te geven, zorg je ervoor dat je dode huidcellen sneller verdwijnen en je huid blijft stralen!

HOE MAAK JE HET?
Meng alle ingrediënten tot je een stroperig papje hebt. Breng het aan op een schoon gezicht, met draaiende bewegingen. Spoel af met water. Deze scrub is enkele dagen houdbaar in de koelkast. Wil je een scrub maken voor de rest van jouw lichaam? Vervang dan het bicarbonaat door kristalsuiker of zout.

Maak je in: 3 minuten
Nodig: sap van 1 sinaasappel, 1 eetlepel bicarbonaat, 1 koffielepel olijfolie

AVOCADO- HONINGMASKER

DÉ SUPERHELD TEGEN EEN DROGE HUID en dus ideaal in de winter, want dan krijgt je gezicht veel te verduren.

HOE MAAK JE HET?
Plet het avocadovruchtvlees met een vork en meng het met de honing en de yoghurt.
Om je huid te verwennen met een heuse hydratatiekuur, verdeel je het papje over heel je gezicht en laat je het 30 minuten inwerken. Spoel af met water. Dit papje is twee dagen houdbaar in de koelkast.

Maak je in: 3 minuten
Nodig: vruchtvlees van 1/2 rijpe avocado, 1 eetlepel honing, 1 koffielepel yoghurt

HOMEMADE TANDPASTA

WAAROM ZOU JE ZELF TANDPASTA WILLEN MAKEN? Wel, omdat het gemakkelijk en goedkoop is, geen synthetische ingrediënten bevat en je er écht wittere tanden van krijgt. Wat wil je nog meer?

HOE MAAK JE HET?
Meng alle ingrediënten, maar voeg als laatste het water toe. Let erop dat de tandpasta niet te vloeibaar wordt. Bewaar de tandpasta in de koelkast.

Maak je in: 2 minuten
Nodig: 100 g bicarbonaat, 1/2 theelepel fijn zeezout, 1 druppel pepermuntolie of essentiële citroenolie, enkele druppels water

LIPBALSEM IN JOUW FAVORIETE KLEURTJE

HOE MAAK JE HET?
Doe de kokosnootolie, de bijenwas en het stukje lipstick in de grote metalen lepel en houd deze boven een brandende kaars. Gebruik de tandenstoker om alles te mengen, wanneer het gaat smelten. Giet het mengsel in het potje en laat het afkoelen. De bijenwas beschermt de lippen tegen de winterkou en de kokosolie zorgt ervoor dat ze gehydrateerd blijven.

Maak je in: 3 minuten + afkoelen
Nodig: 1 theelepel geraspte pure bijenwas, 1/2 theelepel kokosnootolie (beide uit de biowinkel), een beetje van jouw favoriete lipstick, potje dat goed afsluit, grote metalen lepel, tandenstoker, kaars

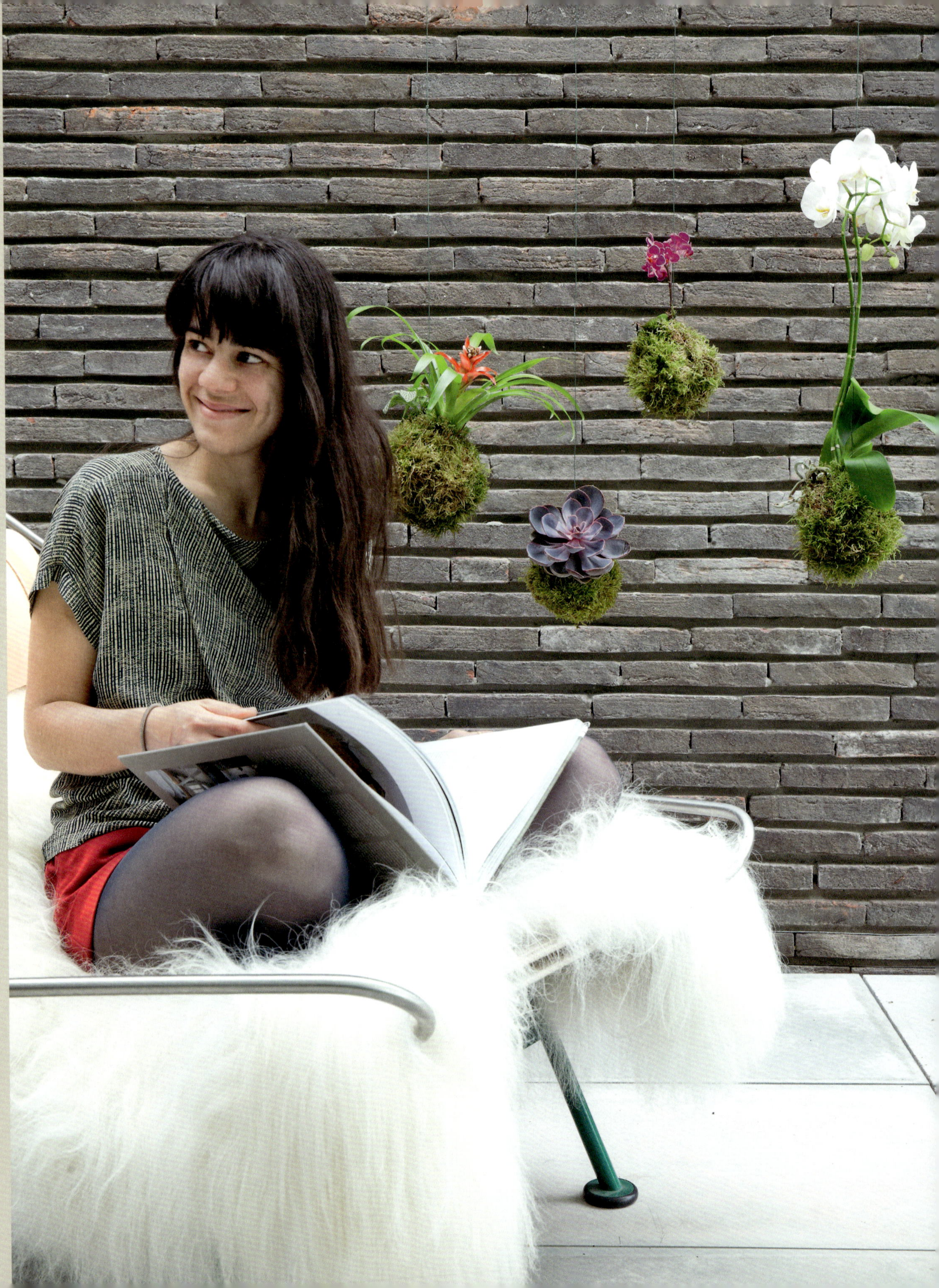

SPROOKJESACHTIGE KAMERPLANTEN

ZAG JE DEZE SPROOKJESACHTIGE PLANTENHANGERS al eens in een tijdschrift of een etalage? Het zijn kokedama's: een eeuwenoude Japanse planttechniek. Kokedama betekent 'mosbal'. Vind je niet dat het net groene planeten zijn?

HOE MAAK JE HET?

Niet elke plant is geschikt voor kokedama. Ga op zoek naar een plant die gemakkelijk is in onderhoud: een plant die van schaduw houdt, met weinig wortels en weinig dorst. Cyclaam, begonia, minipalm, sempervivum en kruiden als rozemarijn zijn ideaal.

1) Meng twee derde turf met een derde klei en een beetje water tot je een stevige, kneedbare 'modder' hebt. Haal de plant uit de plastic pot en masseer de wortels zachtjes los. Plak er enkele handenvol modder rond, tot de wortelkluit de vorm van een bal heeft. Druk stevig aan, zodat de modder blijft zitten.

2) Scheur grote stukken mos af en wikkel ze rond de bal.

3) Houd het mos op zijn plaats met tuindraad. Wikkel de draad zorgvuldig in alle richtingen rond de bal en maak de uiteinden stevig vast.

Maak bij grote planten, zoals orchideeën, de bloemsteel vast met een stukje draad aan het lint of de draad waarmee je de kokedama aan het plafond hangt. Bij erg grote, zware planten kun je in de modderbal – onder de plantwortels en voor je het mos eromheen wikkelt – enkele zware stenen verstoppen. Die vormen een tegengewicht voor de lange plantenstelen en zorgen ervoor dat de plant mooi recht blijft hangen.

Maak je in: 20 minuten
Nodig: turf, (bruine) klei, water, mos, tuindraad, evt. stenen

tip!

Om de kokedama water te geven, houd je een emmer water rond de bal en laat je het plantje even 'drinken'. Nadien zet je de emmer onder de plant op de grond, tot de bal stopt met druppen. Als je de plant regelmatig bestuift met een waterverstuiver, hoef je dit niet vaak te doen. Hang de plant op een lichte plaats, maar niet in de volle zon.

THALISA DEVOS

NEPBONTEN HAARBAND

THALISA WAS MIJN RECHTERHAND TIJDENS DE IDEEËNSELECTIE VOOR DIT BOEK!

Ze is een actieve en ambitieuze jongedame, met een overvolle agenda en een herkenbare, persoonlijke stijl. Toch mag je niet zeggen dat ze een *fashion victim* is: zonder haar budget op te souperen aan prijzige kleding, ziet ze er altijd smashing uit – of ze nu naar het werk gaat of naar een feestje. Haar geheim? Designerspullen mixen met vintage én zelfgepimpte topstukken!

tip!
Van deze haarband maak je een kleurrijke variant met het afgeknipte been van een afgedankte winterpanty. Ook sjaaltjes zijn fit for the job!

HOE MAAK JE HET?

1) Nepbont knippen is eenvoudig als je het trucje kent: leg het bont met de haartjes omgekeerd op tafel en gebruik een schaar met een scherpe punt. Knip het textiel door, zonder door de haartjes zelf te knippen. Dit kan eventueel ook met een scherp breekmes of een tapijtsnijder.

Meet de omtrek van je hoofd en knip het lint minstens 20 centimeter langer af.

Naai de strook dubbel met de hand. Grove steken met een stevig garen werken prima voor deze haarband!

Knip met de tang het stuk draad af op dezelfde lengte als je lint en vouw de uiteinden een centimeter dubbel, zodat de draad niet door het lint kan prikken. Rijg het lint over de koperdraad en naai het stevig dicht, zodat de koperdraad niet kan 'ontsnappen'. Draai het lint rond je hoofd of staart – wat jij zelf het leukst vindt staan.

Maak je in: 15 minuten
Nodig: nepbont op lint (bv. Veritas), stofschaar, naald en draad, kniptang, stijve koperdraad (die je per meter of op rol kunt kopen, bv. Hubo. Hij ziet eruit als een met plastic overtrokken elektriciteitskabel en dat ís het ook; zorg ervoor dat je een stevige dikte koopt: 2 mm)

GHENT STREET STYLE

– 10 –

LEDER LIEFDE

'Omdat niet alleen mannen mooier worden met de jaren.'
Sarah Devos

Ik houd van leder. Zo'n zintuiglijk materiaal: de geur, de kleur, het gevoel en zelfs het geluid van een luie zondag in een lederen zetel... I love it. Het is niet gelogen: leder wordt mooier met de jaren. Je geeft het gemakkelijk een tweede, derde of zelfs vierde leven. Hoewel ik, dankzij mijn opleiding schoenmaken, ondertussen perfect weet hoe en waar je vellen leder op de kop tikt, gebruik ik nog het liefst van al afgedankte jassen en zelfs oude zetelovertrekken. Lang leve de oversized mode van de eighties!

HOOFDSTUK 10

TOUCHSCREEN HANDSCHOENEN

PUTJE WINTER EN JE HANDSCHOENEN UITTREKKEN om een sms te lezen: de horror... Maar dankzij dit trucje is dat voltooid verleden tijd!

HOE MAAK JE HET?

Voor je begint, moet je weten hoe een touchscreen werkt... Onze vinger geleidt een beetje elektriciteit naar het scherm. Handschoenen houden deze elektriciteit tegen. Om de elektriciteit door de handschoen heen te geleiden, borduur ik een geleidende draad doorheen het textiel. Deze draad zorgt ervoor dat er opnieuw contact is tussen mijn huid en het scherm. Je kunt dit trucje toepassen bij alle soorten handschoenen.

1) Teken de vorm van een vinger op een stuk stevig karton. Gebruik karton waar je niet gemakkelijk doorheen prikt met een naald.
2) Snijd de vinger uit en steek hem in de handschoenvinger die je gebruikt om je touchscreen te bedienen.
3) Je kunt geleidende draad zo kopen, maar je kunt ook een stukje elektriciteitskabel opensnijden met een breekmes. Vis er een drietal draden uit. Het is de bedoeling dat de draden lang genoeg zijn om een eenvoudige figuur mee te borduren.
4) en 5) Haal de draden door een fijne naald en borduur door de handschoen heen. Houd het simpel, want als je de koperdraden een scherpe bocht laat maken, kunnen ze krassen maken op je scherm. De kartonnen vinger in de handschoen zorgt ervoor dat je de achterkant van de handschoen niet vastnaait aan de voorkant. Stop de uiteinden weg aan de binnenkant.

Maak je in: 10 minuten
Nodig: 1 paar handschoenen, stevig karton, pen, schaar of breekmes, geleidende draad, naald

Telenet 3G
13:06
Annuleer
Voeg toe
Gereed
Locatie
Begin
Einde
Tijdzone
ma 8 jul. 14:00
15:00
Brussel
return

portemonnee [ware grootte]

"stop pinning, start making"

FORTUNE COOKIE PORTEMONNEETJE

FORTUNE COOKIES ZIJN TE GEK! Zeker als er geld in zit in plaats van een wensbriefje... :-)

Maak je in: 15 minuten
Nodig: beugel (bv. van Prym bij Veritas of De Banier), stevig leder of vilt, stift, schaar, wattenstaafje, contactlijm, een glas

tip!
Gebruik je erg dik vilt of leder, dompel dat dan eerst onder in lauwwarm water en laat het in vorm drogen op de portemonneesluiting met wasknijpers. Plak het pas vast wanneer het echt helemaal droog is en zijn nieuwe vorm heeft aangenomen.

HOE MAAK JE HET?

Het patroon uit dit boek is gemaakt met een kant-en-klare beugel, maar je kunt evengoed een versleten portemonnee uit elkaar halen, op voorwaarde dat de beugel nog steeds goed sluit.
1) Teken het patroon over op een lapje leder of vilt. Vergeet niet om aan weerskanten het midden aan te duiden met een stipje.
Als je besluit om het leder vast te naaien met naald en draad in plaats van te lijmen, teken je de gaatjes van de beugel eerst over op het leer. Dankzij de gaatjes in de kant-en-klare beugel, kun je hem gemakkelijk vastnaaien aan het textiel. Timmer met een scherpe nagel en een hamer gaatjes in het leer of vilt. Zo haal je de naald makkelijker door het leder en de beugel tegelijk.

Knip het leder uit met een scherpe schaar of breekmes. Gebruik een wattenstaafje of een plastic koffielepeltje om wat contactlijm over het deel van de beugel met de voorgeboorde gaatjes en over de binnenrand van het lapje leder uit te smeren.
2) Leg het midden van het lapje op het midden van de beugel (ongeveer ter hoogte van de sluiting). Doe dit vervolgens ook aan de andere kant. Het leder dat je aan weerszijden overhoudt, plak je aan elkaar.
3) Voor de typische fortune-cookie-vorm druk je het portemonneetje over de rand van een glas.

GEVLEUGELDE ACCESSOIRES

TOEN IK DEZE PRACHTIGE VOGELPRINT van vriendin Siglinde Bossuwé zag, kriebelde het om er enkele herfstaccessoires mee te personaliseren. Per toeval ontdekte ik enkele jaren geleden dat je erg gemakkelijk op leder kunt drukken met transferpapier voor T-shirts. Inderdaad, dat is dat vreselijke papier waarop je foto's, tekst en tekeningen kunt printen die je zogezegd op T-shirts kunt fixeren door te strijken. Maar het papier stretcht nooit voldoende mee met de stof en krijgt daardoor gemakkelijk scheurtjes. Bovendien komt het vaak los in de was. Maar leer en transferpapier: een match made in heaven. Bovendien zie je er de nerven van het leder mooi door. Topcombinatie!
Je kunt de vogelprint gratis downloaden op www.siglinde.be.

Maak je in: 30 minuten
Nodig: patroon, papier, pen, leder, vilt, lijm, spijker en hamer of gaatjestang, T-shirt transferpapier (voor donker textiel), evt. bakpapier, strijkijzer, stukje koord, dikke naald en opvallende draad (fluo metserskoord of woldraad)

patroon smartphone hoesje (ware grootte)

GSM-HOESJE

HOE MAAK JE HET?

Het patroon uit dit boek is geschikt voor een gemiddelde smartphone: 6 x 12 centimeter. Is jouw gsm breder of smaller, pas dan de maat aan: meet hoeveel breder of smaller je toestel is en verdubbel dit getal. Voor een smaller toestel knip je een strook papier van die breedte weg uit het midden van het patroon, over de hele lengte. Voor een breder toestel voeg je een strook papier toe en teken je een even aantal gaatjes bij. De lengte is ook aanpasbaar, maar dat is geen must.

1) Print voor het gsm-hoesje een vogel veel groter en knip hem netjes uit. Vervolgens print je hem op T-shirt transferpapier voor donker textiel.

2) Zoek een stuk leder en vilt (of mantelstof) in dezelfde grootte als het papieren patroon. Lijm het leder op het vilt, teken het patroon over en knip beide materialen tegelijk uit. Prik zowel door het patroon als het leder/viltlapje gaatjes met een dikke spijker of een gaatjestang.

3) Leg de afgeprinte vogel op de goede kant van het leder en leg daar bovenop een vel bakpapier om de vogel te beschermen tegen het strijkijzer (soms zit er ook een speciaal beschermingspapier bij het transferpapier).

4) Vouw het lapje dubbel, met het vilt naar binnen. Maak een knoop in het uiteinde van een dik, glad stuk koord en naai het hoesje dicht.

Wil je weten hoe het witte tasje gemaakt wordt? Je vindt de uitleg terug op **www.maakblog.be**

ADVENTS-KALENDER

AFTELLEN NAAR EEN BIJZONDER MOMENT is vaak net zo leuk als de gebeurtenis zelf. En dat is zeker het geval als er bij dat aftellen ook elke dag een klein cadeautje hoort... deze kalender is voor Kerst ontworpen, maar je kunt natuurlijk ook aftellen naar een verjaardag, een huwelijk of gewoon naar de vakantie!

HOE MAAK JE HET?

1) Om de verrassingsvakjes op houtstronkjes te laten lijken, bestempel je het bruine papier. Om schors na te bootsen, kun je een stempel maken door een stuk koord in spiraalvorm rond een soort deegrol te plakken. Ik fabriceerde hier zelf een deegrol van twee waterflesjes. De verf bracht ik aan met een eenvoudig afwassponsje.
2) Voor de jaarringen knip je een stuk knutselrubber in steeds groter wordende ringen. Deze ringen plak je op de onderkant van een plastic potje: nu heb je een stempel. Met het afwassponsje breng je dan verf aan op je zelfgemaakte stempel en zo stempel je jaarringen op het papier.
3) In elke 'stronk' teken je ten slotte een cijfer van 1 tot en met 24.
4) Zorg ervoor dat ieder rolletje aan één kant gesloten is. Gebruik daarvoor papier of tape. Stop in elke stronk een kleine verrassing of snoepje. Plak nu ook de andere opening van de rolletjes dicht met een uitgeknipte jaarring.
5) Knip een stuk papier met schorsprint. Het moet even breed zijn als de breedte van een verrassingskoker en iets langer dan de omtrek ervan. Rol alle stronkjes in zo'n strook 'schors'.
6) Schik de stronkjes naast elkaar en bind er voorzichtig een broeksriem rond. Deze riem kun je aan een spijkertje ophangen.

Maak je in: 40 minuten
Nodig: 24 buisjes en rolletjes (bv. wc-rolletjes, halve waterflesjes... of zelfgemaakte rolletjes van stevig papier of dun karton), 24 kleine verrassingen, koord, bruin (kraft)papier, sponsje, bruine verf, knutselrubber, schaar, plastic potje, pen, papier of tape, broeksriem, spijker

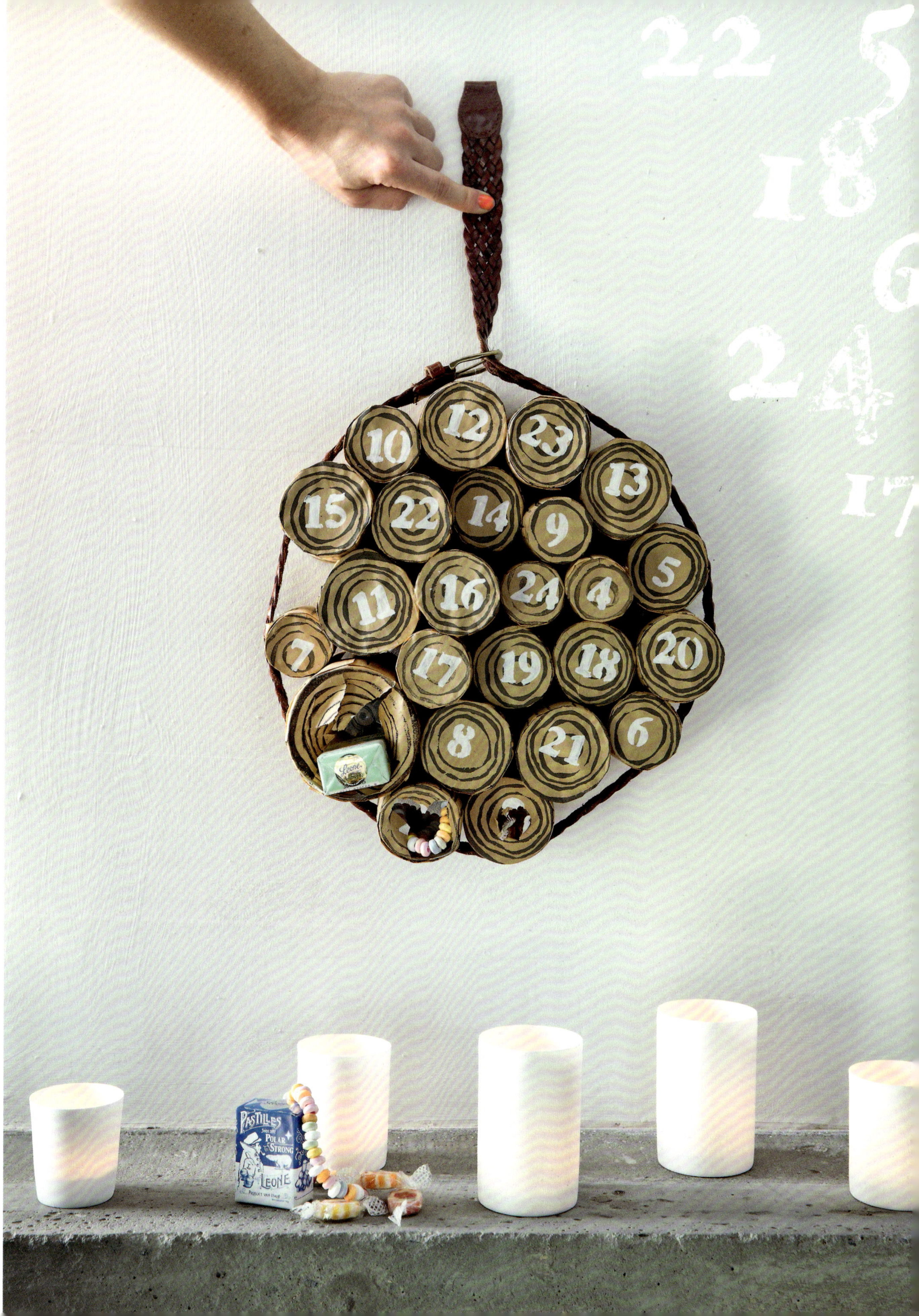
PASTILLES
POLAR
STRONG
LEONE

GHENT
STREET
STYLE

FRIENDS DO IT

YANNICK MOONEN

BRILHOESJE

Dat Yannick talent heeft, is een understatement. Nog maar net afgestudeerd als ontwerper, begon hij samen met Lotte Stofs een eigen ontwerplabel met zelfgemaakt design. Neem eens een kijkje op www.atelierdubbeloo.be. Ze werden strijders bij De Invasie én openden samen de atelierdubbeloo conceptstore en galerij 'Viktor' op het Antwerpse Falconplein.

Duidelijk iemand die niet stil kan zitten. Een van zijn lievelingsmaterialen is leder. Met zijn materiaalkennis en handigheid kan hij originele gebruiksvoorwerpen maken die ingenieus in elkaar zitten. Voor ons bewees hij dat ook eenvoudig gemaakte hebbedingen de show kunnen stelen. Om dit brilhoesje te maken, heb je bijna niets nodig: een overschotje van een oude tas of jas, een naald en een eindje stevig draad, een hamer, een spijker en... een bril. Zonnebril of leesbril, that's up to you!

Het basispatroon krijg je van hem cadeau. Teken het over op het lederoverschotje en snijd het huisjesvormige patroon uit met een breekmes en een lat.

Leg de bril op een blad papier en teken de omtrek over. Zet op de omtreklijn om de 5 millimeter een puntje. Leg dit blad met het brilsilhouet op het lapje leder en timmer met de spijker en de hamer een gaatje op iedere stip. Neem het blad weg en naai een draad door de gaatjes. Gebruik een contrasterende kleur, zodat je de tekening goed ziet.

Vouw de enveloppe dicht en timmer voorzichtig op de vouwen. Je timmert het leder zo in vorm: net als geplooid papier zal het niet meer zijn oorspronkelijke, vlakke vorm willen aannemen. Maak aan weerzijden iedere halve centimeter een gaatje, om er vervolgens een draad door te naaien. Verstop de uiteinden van de draad aan de binnenkant en plak ze eventueel vast met een drupje lijm.

www.atelierdubbeloo.be

COLOFON

WWW.LANNOO.COM
Registreer u op onze website en we sturen u regelmatig een nieuwsbrief met
informatie over nieuwe boeken en met interessante, exclusieve aanbiedingen.

WWW.MAAKBLOG.BE
Op Maakblog.be kan je extra informatie bekijken of aanvragen over de onderwerpen in dit boek.
Volg Caroline en haar projecten op Maakblog.be of op Facebook:
www.facebook.com/carolinemaakblog

TEKST
Caroline Verbrugghe
EINDREDACTIE
Sarah Devos
FOTOGRAFIE
Creaties: Stefanie Faveere, www.shutterstock.be
Vrienden: www.ghentstreetstyle.com
Portet Caroline p.3: Elisabeth Verwaest, www.elisabethverwaest.be
VORMGEVING
Chris Gillis en Whitespray
STYLING: Whitespray

MET DANK AAN Siglinde Bossuwé, Delfien Debroux, Elfi De Bruyn, Thalisa Devos,
Sofie De Wolf, Bruno Herzeele, Benoitte Kiangana Mupatshi, Bram Laebens, Pieter Mast,
Yannick Moonen, Jens Oris, Adriana Parra Esteruelas, Joy Anna Thielemans, Elke Thuy,
Esther van der Weerden, Laurie Van Elsacker, Linda Van Waesberge

Met dank voor het uitlenen van stylingmateriaal:
a.puur.a, Onderbergen 56, 9000 Gent en Nationalestraat 37, 2000 Antwerpen - apuura.com
Huiszwaluw, Hoogpoort 3b, 9000 Gent - www.huiszwaluw.com
Van Gastel nv, Kapelsesteenweg 511-517, 2180 Ekeren - www.vangastel.be

Met dank voor hun ondersteuning en het beschikbaar stellen van materiaal:
2dehands.be, www.2dehands.be
Lucas Creativ, www.lucascreativ.be
Veritas, www.veritas.be
Hubo, www.hubo.be
Ava, www.ava.be
De Banier, www.debanier.be
MAC Cosmetics, www.maccosmetics.be
Bison, www.boltonadhesives.com
Motip Dupli Color, www.motipdupli.be
Staedtler, www.staedtler.be
Rayher, www.rayher-hobby.de/nl/
Walter Van Gastel, www.vangastel.be
Designcenter De Winkelhaak, www.winkelhaak.be

Als u opmerkingen of vragen heeft, dan kunt u contact nemen met onze redactie:
redactielifestyle@lannoo.com

© UITGEVERIJ LANNOO NV, TIELT, 2013
D/2013/45/277 – NUR 460
ISBN: 978 94 014 1070 0

Alle rechten voorbehouden. Niets uit deze uitgave mag worden verveelvoudigd,
opgeslagen in een geautomatiseerd gegevensbestand en/of openbaar gemaakt
in enige vorm of op enige wijze, hetzij elektronisch, mechanisch of op enige
andere manier zonder voorafgaande schriftelijke toestemming van de uitgever.